十有五而志於學 三十而立 四十而不惑

五十而知天命 六十而耳順 七十而從心所欲不踰矩

쉬운 논어

1일 1화 一日一話

홍석연 엮음

나는 15세에 배움에 뜻을 두었고, 30살에는 자립하였으며,

40세에는 미혹되지 않았고, 50세에는 하늘의 뜻을 알았으며,

60세에 남의 말을 순순히 받아들였고, 70세에는 뜻대로 행하여도 도에 어긋남이 없었다.

법문 북스

論語

365

日

一日一話

·

공자의 학문과 인생과 지혜 365

목차

2월 조문도 석사가의(朝聞道 夕死可矣)

3월 군자유어의 소인유어리(君子喻於義 小人喻於利)

4월 인지생야직 망지생야행이면(人之生也直 罔之生也幸而免)

5월 민가사유지 불가사지지(民可使由之 不可使知之)

6월 지자불혹 인자불우 용자불구(知者不惑 仁者不憂 勇者不懼)

7월 과유불급야(過猶不及也)

9월 인무원려 필유근우(人無遠慮 必有近憂)

10월 과이불개 시위과의(過而不改 是謂過矣)

12월 소인지과야 필문(小人之過也 必文)

一月

温故而知新

學而時習之 不亦說乎

배우고 때때로 그것을 익히면 이 어찌 기쁘지 않겠는가?

『논어(論語)』의 첫머리에 나오는 유명한 말이다. 배우면, 그 것으로 확실히 깨달은 듯 생각되지만, 사실은 잘 모르고 지나 친 것이 있다.

그러나 배운 내용을 때때로 복습하면, 그 속에 들어 있는 진 정한 의미를 터득하게 된다. 그 터득의 참뜻이야말로 학문을 하는 기쁨이라고 할 수 있다. 공자는 이렇게 학문의 뜻을 강조 하고 있다.

주

• 習之(습지) : 반복하여 익히다.   • 說(열) : 기뻐하다.

2일

有朋自遠方來 不亦樂乎

먼 곳에서 살고 있는 벗이 생각지도 않았는데 찾아와 주었다면 매우 즐겁지 않겠는가?

　서로 마음을 터 놓고 사귀는 벗이 있는데, 오늘은 그 먼 곳에서 일부러 찾아왔으니 더없이 반갑고 매우 기쁜 일이 아니겠는가? 모름지기 학문을 연구하고 수양을 쌓는 군자는 남이 무슨 말을 하거나 개의치 말고 자신의 뜻을 굳게 지켜나가면 상통하는 친구도 많아지고, 따라서 자기의 마음도 즐겁게 된다는 뜻이다.

주

• 朋(붕) : 벗, 친구.　• 自(자) : …에서.　• 樂(락) : 즐겁다.

3일

人不知而不慍 不亦君子乎

사람들이 알아주지 않더라도 노여워하지 않는다면, 이 또
한 군자다운 도리가 아니겠는가?

　세상 사람들로부터 실력을 인정 받지 못한다던가, 진심을 알
아주지 않는 경우는 살아가는데 흔히 있는 일이다. 그런 때도
냉철하게 대처하는 사람이야말로 군자라고 말할 수 있다. 공자
는 그런 마음가짐의 인물을 평가한 것이다.

주

- 人不知(인부지) : 사람들이 알아주지 않는다.
- 慍(온) : 노여워하다, 성내다.
- 君子(군자) : 학식과 덕행을 갖춘 사람.

4일

君子務本 本立而道生

군자는 무엇보다도 근본에 힘써야 한다. 근본이 확실히 서야만 올바른 도가 생겨난다.

공자 제자 중의 한 사람인 유자(有子)의 말이다. 모습이 공자를 닮았기 때문에, 공자가 죽은 후 그를 일문의 지도자로 추대하려는 움직임이 있었으나 증자의 반대로 이루어지지 못했다. 수많은 제자들 중에 자(子)의 존칭을 받은 사람은 유자 외에 증자(曾子), 염자(冉子), 민자(閔子) 뿐이다.

무슨 일이든 여줄가리에 구애되지 않고, 근본을 파악하는 것이 중요하다. 유학(儒學)을 근본에 힘쓰는 학문, 곧 효도와 우애가 바로 근본이라고 하는 뜻은 여기서 생긴 말이다.

주

• 有子(유자) : 공자의 제자, 성은 有(유). 이름은 若(약). 魯(노)나라 사람.　• 務本(무본) : 근본을 중요시한다. 근본에 힘쓴다. 여기서의 근본은 효도와 우애를 말한다.
• 道(도) : 올바른 도리. 올바른 길.

巧言令色 鮮矣仁

듣기 좋게 꾸민 말과 보기 좋게 얼굴빛을 고친 이들 중에
는 인한 사람이 드물다.

인(仁)은 공자가 가장 높이 평가하는 도덕성이며, 사람의 근
본은 도인 것이다. 그러므로 번지르르 하게 좋은 말만 늘어놓
고, 보기 좋게 얼굴빛을 꾸미는 사람일수록 인이 드물어 믿을
수 없으므로 공자는 이런 자세를 싫어한 말이다.

이와 대조적인 말이 자로(子路)편에 나오는 '마음이 강직하
고 태도가 소박함'은 인한 사람이라고 정의할 수 있다.

주

• 巧言(교언) : 듣기 좋게 꾸민 말.
• 令色(영색) : 보기 좋게 얼굴빛을 꾸미는 것.

6일

曾子曰 吾日三省吾身

증자가 말하기를, 매일 자신에 대하여 세 가지로 반성한
다고 하였다.

증자는 공자의 제자로 성은 증(曾), 이름은 삼(參)이다. 자는
자여(子輿), 노나라 사람. 스승보다 46세 연소한 준재로 성실
한 인품의 소유자다. 하루 반성의 내용은 다음의 세 가지다.

(1) 남을 위해 일을 함에 있어 진심을 다 했는가.

(2) 벗과 사귀는데 믿음과 의리를 다 했는가.

(3) 아는체 하고 잘못된 것을 가르치지 않았는가.

이는 남을 위해 성심을 다 하고 신의를 지킬 것을 말함이다.

주

• 三省(삼성) : 세 가지를 반성하다. 세 번 반성하다.

道千乘之國 敬事而信
節用而愛人 使民以時

한 나라를 다스리는 데는 무엇보다도 신중히 하고 백성들
로부터 신뢰를 잃지 않아야 하며, 쓰는 것을 아껴야 하
고, 백성을 사랑하여야 하며, 때를 가려서(농번기를 피해
서) 노역을 시켜야 한다.

공자의 정치 이론이다. 나라를 다스리는 사람은 ① 백성의
신뢰를 잃지 않을 것, ② 세금을 남용하지 말 것, ③ 농번기에
백성을 강제 동원하지 말 것을 도덕정치의 목표로 삼았다. 오
늘날의 정치가들은 이를 되새겨 봐야 할 것이다.

주

• 千乘之國(천승지국) : 주왕조(周王) 때 정한 대국을 일컬음.
즉 제후의 나라를 뜻함(전차 천 대를 출동할 수 있는 나라).
• 敬事(경사) : 신중히 하다. • 節用(절용) : 쓰는 것을 아끼다.

8일

弟子入則孝 出則弟 謹而信 汎愛衆
而親仁 行有餘力 則以學文

젊은이들은 집에 들어오면 효행을 다하고, 밖에서는 윗사
람을 섬기며 근신하여 남에게 믿음을 주며, 신의를 지키
고 널리 사랑을 가지고 사람과 사귀며, 인과 덕이 있는
사람에게서 가르침을 받는다. 이렇게 행하고 남음이 있으
면 책을 읽고 학문에 힘쓸 일이다.

가정 안에서는 부모에게 효도하여 자식된 도리를 다하고, 사
회생활을 하면서는 남에게 믿음을 주고 신의를 잃지 않으며,
모든 사람을 널리 사랑하되 인덕이 있는 사람을 가까이 하고,
그 남음이 있으면 학문에 힘쓸 것을 권유한 공자의 가르침은
유가의 학문관을 잘 나타내고 있다.

주

- 弟子(제자) : 부형에 대가 되는 말로 젊은이들.
- 出則弟(출즉제) : 밖에서는 윗사람을 섬긴다는 뜻.
- 謹(근) : 근신하다. 모든 행동을 삼가다.
- 汎(범) : 널리.

9일

無友不如己者 過則勿憚改

자기보다 못한 사람을 벗으로 삼지 말 것이며, 과오를 범
했음을 알았을 때는 주저하지 말고 즉시 고치도록 할 일
이다.

이 문장 앞에 '군자는 태도가 중후하지 않으면 위엄이 없고,
학문도 견고하지 않게 된다. 성실함과 신의를 근본으로 하지
않으면 안 된다'고 가르치고 있다.

쉽게 자기보다 못한 사람을 가까이 하지 말 것이며, 또 과오
를 범하였다면 주저하지 말고 고쳐야 한다고 제자들에게 말하
고 있다.

주

• 不如己者(불여기자) : 자기보다 못한 사람.
• 勿憚改(물탄개) : 고치는 일을 주저하지 않는다.

夫子溫良恭儉讓 以得之

선생님(공자)께서는 온화하시고, 어지시며, 공손하시고, 검소하시며, 경양심이 깊으시므로 이 다섯가지 덕으로 그 지위를 얻으신 것입니다.

제자 자금(子禽)이 자공에게 말하였다.

"우리 선생님께서는 어느 나라에 이르시면 반드시 정치에 관한 것을 들으셨는데, 선생님께서 스스로 요구하였는지, 그렇지 않으면 저쪽에서 물어온 것인지요?" 하고 묻자, 자공이 위와 같은 대답을 한 것이다. 즉, 이것이 공자와 보통 사람과의 차이점이다. 공자는 덕을 바탕으로 하여 윤리적으로 정치에 접근하였음을 엿볼 수 있다.

※ 주 ※

• 子禽(자금) : 공자의 제자. 성은 진(陣), 이름은 항(亢)
• 子貢(자공) : 공자의 제자. 성은 단목(端木), 이름은 사(賜).
　　화술이 뛰어났다. • 溫(온) : 온화함.
• 良(량) : 선량함. • 恭(공) : 공손함. • 儉(검) : 검소함.
• 讓(양) : 겸양함. • 得之(득지) : 그것을 얻다.

11일

三年無改於父之道 可謂孝矣

아버지가 돌아가신 후 삼년 동안 그 분의 사업을 지키는 것은 효행이라고 할 수 있다.

아버지가 돌아가시자마자 그 분이 신봉하던 주의나 운영하던 사업을 깡그리 바꾸어 버리는 것은 너무 박정하다고 할 수 있다. 오늘날처럼 복잡다양한 산업사회에서는 부친의 생전의 가업이라고 해서 무비판적으로 답습하는 것이 과연 효행일까 하는 점은 의문이다. 공자가 여기서 언급한 것은 일반인들의 경우를 전제한 것이라기보다는 정치를 하는 사람들의 정치 형태를 염두에 두고 한 말이라고 생각된다.

주

- 三年(삼년) : 부모의 상을 치르는 동안이라고 말하나 그냥 3년이라 봄이 좋다.
- 不之道(부지도) : 아버지의 도, 아버지가 살아 계시면서 일을 처리하던 방향이나 원칙.

有子曰 禮之用 和爲貴

유자는 예절을 실제로 운용하는데 있어서는, 사람과 사람 사이의 조화가 가장 중요하다고 하였다.

예(禮)라고 하면, 관혼상제의 의식, 조정에서 행하는 여러 가지 행사가 포함된다. 그런데 이 의식은 자칫하면 형식에 흐르기 쉬어 인간관계를 나쁘게 만들 수도 있다. 그 폐해를 제거하기 위해서는 예의 형식에 따른 제약을 잘 받아들여 행동을 조절하면서 조화를 이루어야 한다는 뜻이다.

현대 문명에 적응하려면 거추장스러운 형식을 취사 선택해서 사회에 걸맞는 실용적인 예식 절차를 정립해 나갈 필요가 있다고 생각된다.

주

• 用(용) : 효용, 작용   • 和(화) : 조화, 협화(協和).

13일

有子曰 信近於義 言可復也
恭近於禮 遠恥辱也

유자는 말하였다. 약속한 것이 도리에 맞으면, 언약한 대
로 실천해야 한다. 공손함이 예의에 어긋나지 않으면 비
굴하다고 할 수 없다.

　도리에 합당하지 않은 약속을 하게 되면, 그 약속을 실천할
수 없게 된다. 공손한 것은 좋은 것이나, 그 도가 지나치면 비
굴하게 보여서 도리어 치욕을 받게 된다. 덮어놓고 굽신거리는
것은 예의에 맞는 행동이라고는 할 수가 없다. 무슨 일에서나
절도를 지키는 것이 중요하다.

주

• 信(신) : 언약. 약속.　　• 義(의) : 의리. 도리.
• 言(언) : 말한 것. 언약.　• 復(복) : 되풀이하다. 실천하다.

14일

君子食無求飽 居無求安

군자는 먹는 데 있어서 배부름만을 추구하지 않고, 주거
는 편안함만을 추구하지 않는다.

군자로서의 학문 방법과 삶의 도리를 말하고 있다.

일은 민첩하게 하고, 말은 삼가고, 도(道)를 취하여 바르게
나가야만 학문을 좋아한다고 할 수 있다. 할 일이 있으면 정확
하게 하고, 말한 것에 대해서는 책임감을 갖는다. 그리고 그 일
의 권위자에게서 가르침을 받는다.

누구나 좋은 음식을 배불리 먹고 싶고, 좋은 집에 살고 싶은
것이다. 그러나 그런 욕망은 어느 정도에서 만족하고, 임무 완
수와 수양과 학업 연마에 힘써야 할 것이다.

주

• 求飽(구포) : 배부름을 추구함. • 居(거) : 있는 곳. 살아가다.

15일

詩云 如切如嗟 如琢如磨 其斯之謂與

『시경』에서 자르는 것 같고, 다듬은 듯하며, 쪼는 것 같고 갈은 듯하다고 읊고 있는 것은 바로, 이를 뜻하는 것입니까?

『시경(詩經)』 위풍기오편(衛風淇澳篇)에 위의 구절이 있다. 그 주석에 따르면 절차는 뼈나 상아를 자른다는 뜻이고, 탁마는 구슬이나 돌을 갈다는 말이다. 오늘날 '절차탁마'는 학문과 수양에 힘쓴다는 뜻으로 쓰고 있다.

가난하지만 도를 즐기고, 부유하더라고 예를 즐기는 인물이 가장 훌륭한 사람이라고 공자가 말한데 대하여 자공(子貢)이 인용한 『시경』의 구절이 이 글이다.

주

• 詩(시) : 『시경』 • 磋(차) : 자르 것. 가는 것.
• 磨(마) : 磋(차)와 같은 뜻으로 쓰였음.
• 其斯之謂與(기사지위여) : 그것은 이것을 말하는 것입니까?

不患人之不己知 患不知人也

사람들이 나를 알아주지 않는 것을 걱정하지 말고, 내가
남을 알아보지 못함을 걱정해야 한다.

남들이 자기 인격을 인정해 주지 않을 때, 사람들은 누구나
실망 낙담하고 불평을 토로하게 된다. 그러나, 그것은 부질 없
는 일이며, 또 그런 사람은 남의 훌륭한 점을 인식하지 못하고
있다. 도리어 남의 참모습을 알지 못하는 자기의 태도를 자책
해야 옳은 것이다. 타인으로부터 자기에 대한 사려를 탓하기
전에 먼저 자기 반성을 할 줄 아는 사람이 되기를 바란다.

주

• 患(환) : 걱정하다. 근심하다.
• 不己知(불기지) : 자기를 알아주지 않다.
• 知人(지인) : 남을 이해하다. 남을 알아주다.

17일

爲政以德 譬如北辰居其所 而衆星共之

덕으로써 정치를 하는 것은, 마치 북극성이 제자리에 있고, 다른 별들이 그 쪽을 중심으로 해서 돌고 있는 것과 같은 이치다.

정치의 기본은 법령이나 규율이 아니라, 덕으로 다스리는 것이 으뜸이다. 덕으로 다스리면 백성들은 모두 정치가의 덕을 사모하고 순종하게 된다. 공자가 이상으로 삼는 정치는 덕치주의(德治主義)다. 정치를 하는 사람이 먼저 인덕을 몸에 지닌 후에, 그 인덕으로 모든 국민을 감화시키면, 나라는 자연적으로 원만하게 다스려지게 된다고 하는 생각이다. 이것은 『논어』의 기본 사상으로 되어 있다.

주

- 爲政(위정) : 정치를 하다. 나라를 다스리는 것.
- 譬如(비여) : 비유하면, 마치 …과 같다.
- 北辰(북신) : 북극성 • 居其所(거기소) : 제자리에 있는 것.
- 共(공) : 떠받들며 돌고 있는 것.

18일

道之以德 齊之以禮 有恥且格

덕으로써 백성을 인도하고, 예로써 질서를 유지하면, 그
들도 스스로 수치를 깨닫게 되어 올바르게 된다.

법률이나 벌칙만의 정치를 펴면 백성들은 법을 교묘히 빠져
나갈 것만 생각하고 범법을 수치로 생각하지 않게 된다. 법령
이나 규칙만으로 속박하면 사람들은 정신적으로 여유가 없어
진다. 이는 법치주의의 결함이라고 할 수 있다.

주

• 齊(제) : 가지런히 하다. 질서를 잡아주다.
• 道(도) : 인도하다. 이끌어 주다.
• 格(격) : 바르게 되다.

吾十有五而志于學 三十而立
四十而不惑 五十而知天命

나는 15세 때 배움에 뜻을 두었고, 30세에 자립의 기초를 세웠으며, 40세 때는 이것 저것에 미혹되지 않게 되었고, 50세에는 하늘에서 나에게 준 사명을 자각하기에 이르렀다.

이 대목은 공자가 자기의 성장한 모습을 진술한 것으로 '60세가 되어서 남의 의견에 긍정적으로 귀를 기울이게 되었고, 70세가 되자 자기 뜻대로 행동하여도 도를 벗어나지 않게 되었다'라고 이어진다. 15를 지학(志學), 30을 이립(而立), 40을 불혹(不惑), 50을 지천명(知天命), 60을 이순(耳順), 70을 종심(從心)이라고 하는 말은 여기서 유래된 것이다.

주

• 十有五(십유오) : 15세. 열다섯 살.
• 志于學(지우학) : 배움에 뜻을 두다.
• 立(립) : 자립하다. 의지가 확립됨을 뜻함.

20일

父母唯其疾之憂

어버이는 매우 그 자식의 병을 걱정한다.

맹무백이 효도에 대해서 질문한데 대한 공자의 답변이다. 이
세상의 어버이들이 가장 걱정하는 것은 자식의 질병이다. 그러
므로 자식된 자들은 만에 하나라도 부주의로 인하여 질병에 걸
려서 어버이에게 걱정을 끼쳐서는 안 된다.
　그 질병을 어버이의 병으로 해석하여 부모의 병환에 특별히
주의를 기울이는 것이 가장 큰 효도라고 하는 학설도 있다.

≫≫ 주 ≪≪

• 孟武伯(맹무백) : 맹의자의 아들. 이름은 체(彘).
• 唯其疾之憂(유기질지우) : 매우 그들의 병을 걱정하다.

今之孝者 是謂能養 至於犬馬
皆能有養 不敬 何以別乎

오늘날의 효는 부모를 잘 봉양하는 것을 말하는데, 개와
말 같은 짐승까지도 모두 먹여 기르고 있으니, 공경하지
않으면 무엇으로써 구별할 수 있겠는가.

이는 제자 자유(子遊)가 효행에 대하여 물은데 대한 공자가
한 말이다. 요즈음은 효도를 물질적으로 풍족하게 부모를 섬기
면 된다고 한다. 그러나 올바른 효도는 공경하여 모시는 마음
도 따라야 한다는 것이 공자의 가르침이다.

주

• 能養(능양) : 잘 부양하다. 봉양할 수 있다.
• 至於(지어) : …에 이르기까지도. …이라 할지라도.
• 子遊(자유) : 공자의 제자. 성은 언(言), 이름은 언(偃), 자가
    자유이며, 오(吳)나라 사람.

> 視其所以　觀其所由
> 察其所安　人焉瘦哉

그 사람의 하는 짓을 보고, 다음에 그 하는 동기를 살피고, 그 일에 대한 만족하는 바를 관찰하면, 어느 누구든지 자기를 숨길 수는 없을 것이다.

이 대목은 공자가 사람을 관찰하는 3단계 방법이다. 한 사람이 하는 일에 그 목적과 동기 그리고, 성취와 만족을 잘 관찰하면, 그 사람의 마음도 알 수 있다는 뜻이다. 視(시)보다는 觀(관)이, 관보다는 察(찰)이 더 자세히 살필 수 있다.

주

• 所以(소이) : 하는 바. 어떤 상황에서 그 사람이 취하는 행동.
• 所由(소유) : 행동이나 태도를 선택한 동기(이유 또는 까닭)
• 所安(소안) : 그가 취한 행동에 대한 나름대로의 만족도.

溫故而知新 可以爲師矣

옛 것을 잘 공부해서 거기서 새로운 것을 터득할 수 있는
사람이라면 남의 스승이 될 수 있다.

'溫故知新'의 고전이다. 어떤 것이든지 과거를 더듬어 올라
가서 그것을 충분히 소화한 후가 아니면, 미래의 전망을 파악
할 수가 없다는 뜻이다.

공자는 역사를 좋아하고 중요시했다. 그러므로 역사를 깊이
연구함으로서 현대에 대한 인식을 심화시키는 태도야말로 지
도자다운 자격이 있다고 해석하는 학자도 있다.

'溫故'를 '옛 것을 배우다'. '爲師'를 '스승이 될 수 있다'고
풀이하는 학자도 있다.

주

• 溫故(온고) : 溫은 잘 익히는 것. 故는 古와 통하여 옛일, 또는
    옛사람들의 학문.

• 知新(지신) : 새로운 것을 알다. 새로운 뜻과 이치를 터득하다.

君子不器

군자는 어느 특정의 자리에서 밖에 쓸 수가 없는 인간이
아니다.

器(기)라는 글자는 쉽게 말하면 도구라는 뜻이다. 밥그릇도
'기'이고, 주전자도 '기'이다. 그러나 밥그릇으로 물을 끓일 수
가 없고, 주전자에다 밥을 담아 먹는 것도 제격이 아니다. 밥그
릇은 밥을 담는데 쓰이고, 주전자는 물을 끓이는 데 쓰인다.
군자라 함은 이처럼 특정의 용역 외에는 쓸 수 없는 인간,
즉 한곳에만 쓸 수 있는 전문이 아니라, 터득한 도리는 모든
일에 통용됨을 밝힌 말이다.

주

• 不器(불기) : 그릇이 아니다. 모든 일에 통용됨을 뜻한다.

25일

先行其言 而後從之

말하기 전에 먼저 그것을 실행하고, 그런 뒤에야 행동을
좇아 말해야 한다.

제자 자공(子貢)이 군자로서 취하야 할 태도에 대하여 질문
했을 때, 공자의 대답이었다.

말보다도 먼저 실행함이 공자의 가르침이다. 나는 이렇게 훌
륭하다고 자기 선전을 하는 것보다, 자기가 정말로 훌륭한 일
을 해 냈다는 실증을 보여주는 것이 중요하다. 그렇지 않고서
는 백 번의 설법도 설득력이 있다고 볼 수 없다. '무언실행(無
言實行)'은 공자의 행동 강령이며, 기회 있을 때마다 주장하고
있다.

※ 주 ※

• 先行其言(선행기언) : 말보다 먼저 실행한다.
• 而後從之(이후종지) : 그런 뒤에야 행동을 말한다.

26일

君子周而不比 小人比而不周

군자는 넓게 교제하되 특정 인물을 편파적으로 두둔하지
아니하나, 소인은 편파적이어서 넓게 교제하지 못한다.

　군자는 세상 전체를 광범위하게 보며, 남들과 사귐에 공평하
게 대하고, 어떤 특정 인물만 두둔하는 편파적인 교제를 하지
않는다. 그러나 소인은 전체를 볼 줄 모르고 일부 친한 사람만
사귀고 공평성이 없다.
　어떤 학자는 사람들과 친화하는 문제를 두고 한 말이 아니
라며, '군자는 전체적으로 보며 대비적으로 보지 않고, 소인은
대비적으로 볼뿐 전체적으로 보지 못한다.'라고 해석하기도 한
다.

주

• 周(주) : 보편적인 것. 두루. 여러모로.
• 比(비) : 편파적인 것. 개인의 이해관계에 따라 편당을 이루는 것.

27일

學而不思則罔 思而不學則殆

배우고도 생각하지 않으면 망연하게 생각할뿐 확실한 지
식이 없다. 이와 반대로 생각하고도 배우지 않으면 독단
에 빠지기 쉽다.

책이나 남에게서 배운 지식을 체득하기 위해서는 사색을 충
분히 해서 음미할 필요가 있다. 또 생각만 하고 배우지 않으면
독단에 빠져버리게 된다. 이는 학문을 하는 태도를 말함인데
언제 어디서나 들어맞는 적절한 충고다. 전자는 소위 서적에만
의존하는 학자에게 많고, 후자는 젊은층 사람에게 많은 폐해를
일컫는다.

주

• 罔(망) : 망연하게 생각하다. 자기 일처럼 절실히 생각하지 않
　　고 남의 일처럼 공허하게 생각함.
• 殆(태) : 위태로움. 외골수로 빠져들다(중용을 잃고).

攻乎異端 斯害也已

이단적인 것을 공부하는 것은 해가 될 뿐이다.

학문이나 기술 분야의 바른길을 벗어나서 옆길이나 신기한 쪽을 좇으려고 하는 것은, 모두 이단이라고 볼 수 있다. 일설에는 '이단을 공격하면 해로울 뿐이다'라고 정반대의 해석을 하는 학자도 있다. 후한의 정현(鄭玄), 청(淸)의 초순(焦循) 등 유학자는 이 설을 주장했다. 여기서는 전통을 따랐다.

주

- 攻(공) : 공격하다. 다스리다. 공부하다.
- 異端(이단) : 성인의 도(道)가 아닌 사도(邪道)를 말함.
- 斯(사) : 이것. 그것. 강조하기 위해 앞 구절을 되받는 말.
- 也已(야이) : 글끝에 붙어 강조의 뜻을 나타냄. ~일 뿐이다.

29일

知之爲知之 不知爲不知 是知也

아는 것을 안다고 하고, 모르는 것을 모른다고 하는 것이
진실로 아는 것이다.

제자인 유(由 : 子路)에게 공자가 가르쳐준 말이다. 자로는
공자보다 9살이나 젊고, 용감하고 혈기 넘치는 제자였으나, 나
서기 좋아하고 과장된 점이 있어서 스승의 사랑을 받으면서도
가끔 꾸중을 받는 제자였다. 이 대목도 그중 하나이다. 아는체
하는 것은 기분 좋은 일이겠지만, 여기서 공자가 설득하는 타
이름은 평범한 것처럼 보이지만, 학문을 하는 사람들로서는 꼭
지켜야할 양심적 도덕을 말하고 있다.

주

• 由(유) : 공자의 제자. 성은 중(仲), 자는 자로(子路). 노나라
  사람. 성미가 급하고 용감함.

30일

多聞闕疑 愼言其餘 則寡尤

많은 말에 귀를 기울이지만, 의문을 느끼는 대목은 그대로 젖혀 놓고, 자기가 참으로 납득이 가는 대목만을 신중히 말한다.

문하생 자장(子張)이 벼슬자리에 나가 유념할 점을 물은데 대한 공자의 가르침이다. 공자는 다시 이렇게 말했다.

"또 폭 넓은 공부를 게을리 하지 말라. 그리고 납득이 간 것만을 실천에 옮기면 후회도 적게 될 것이다."

공자는 관계에서 출세하는 방법으로 올바른 말과 행동을 당부하고 있다.

☞ 주 ☜

• 子張(자장) : 공자의 제자. 성은 전손(顓孫). 이름은 사(師).
   자가 자장이며, 진(陳)나라 사람.
• 闕(궐) : 제거한다는 뜻. • 尤(우) : 허물.

31일

擧直錯諸枉 則民腹

올바른 사람을 천거하여 그릇된 사람의 위(자리)에 올려
놓으면, 백성들은 마음으로부터 순종하게 될 것이다.

노나라의 군주 애공(哀公)이 어떻게 하면 백성들이 복종하
겠는가?라고 물은데 대하여 공자가 대답한 말이다.

공자는 다시 말을 이어서 '이와 반대로 부정하고 부족한 인
물을 올바른 사람의 위(자리)에 올려놓으면 백성은 복종하지
않는다.'고 대답하였다.

애공이 이 질문을 할 당시 노나라의 백성들은 모두 계씨(季氏)의 지휘만 따르고,
자신을 비롯한 역대 군주들에게 전혀 신망을 주지 않는 오랜 현실을 비관하여 그
고민을 밝히고 공자에게 자문을 구한 말이다.

주

• 哀公(애공) : 노나라 임금. 성은 희(姬). 이름은 장(蔣). 춘추
　　　(春秋) 말엽에 27년간 노나라를 다스림. 애공은 시호임.
• 擧(거) : 들어올리다. 천거하다. • 錯(조) : 놓다. 두다.
• 枉(왕) : 구부러진 사람. 그릇된 자.

二月

朝聞道 夕死可矣

1일

人而無信 不知其可也

사람으로서 신의가 없다면 그 쓸모를 알 수가 없다.

인간관계는 믿음에 의해 이루어진다. 그러므로 믿음이 없으면 인간관계도 성립될 수 없고, 사회도 구성될 수 없다. 그러므로 믿음이 없는 인간은 아무 데도 쓸모가 없으며 평가할 가치조차 없다.

다시 공자는 구체적인 설명을 하고 있다. '큰 수레에 가로막대(輗)가 없고, 작은 수레에 멍에걸이(軏)가 없으면, 그 수레는 어떻게 제구실을 다 하겠는가?' 예(輗)도 월(軏)도 수레의 멍에다. 큰 수레나 작은 수레나 이 멍에가 없으면 움직일 수가 없다고 하는 뜻이다.

주

• 不知其可(부지기가) : 쓸모가 없다는 뜻. 가함을 모른다는 뜻.

2일

見義不爲 無勇也

인간으로서 마땅히 하여야 할 일인줄 알면서도 실행을 못하는 것은 용기가 없는 사람이다.

이 말의 지적은 범인으로서는 귀에 아픈 말이다. 이렇게 하는 것이 사람으로서 옳은 도리라고 알면서도 자기의 이익을 위해서 혹은, 자기 보호를 위해서 또는 세상의 눈을 의식해서 실행하기를 주저하는 경우가 많다. 그것은 용기가 없는 탓이다. 이를 공자는 엄하게 경계하고 있다.

⟫⟫주⟪⟪

• 義(의) : 사람으로서 당연히 해야 할 바른 일이라는 뜻.

3일

人而不仁 如禮何
人而不仁 如樂何

어질지 못한 사람이라면 예는 무엇을 하겠는가. 어질지
못한 사람이라면 음악은 무슨 소용이겠는가.

　공자는 인을 모든 덕목 중에서도 가장 으뜸으로 생각하고
있다. 인은 인륜의 기본이며, 정치의 이상이기도 하다. 하늘의
도를 구현하는 것이다. 따라서 인의 도를 실현하면 인사나 만
물이 모두 조화가 되고 반전이 된다고 공자는 주장한다. 그러
므로 어질지 못한 사람이 예의를 지키고 음악을 잘 연주한다
하더라도 내용이 함께 하지 못하면 잘못이라는 뜻.

주

● 如何(여하) : 어떠하겠는가. 무엇하겠는가. 如何 가운데 禮와
　樂을 끼워 넣은 것이다.

4일

禮 與其奢也 寧儉
喪 與其易也 寧戚

예의는 사치스러움보다 차라리 검소한 편이 좋다. 상사
(喪事)에는 형식을 갖추느니 보다 차라리 슬퍼해야 한
다.

분에 넘치는 것은 도리어 예의에 벗어나는 일이다. 관혼상제
는 화려하고 사치스러움보다는 검소한 편이 예의에 맞는다. 또
장례식에는 형식을 갖추더라도 애도의 뜻이 나타나지 않으면
의미가 없다.

임방(林放)이란 사람이 예의범절에 대하여 질문했을 때 대답
한 말이다. 예의는 형식보다 진심이 중요함을 가르친 말이다.

주

• 奢(사) : 사치함. • 儉(검) : 검소함.
• 喪(상) : 상사. 장례를 치르는 일.
• 易(이) : 다스리는 것. 곧 예의 형식을 갖추는 것.
• 林放(임방) : 노(魯)나라 사람으로 공자의 제자.

論 | 語 | 365 | 日
41

5일

君子無所爭 必也射乎

군자는 무슨 일에서나 남과 다투는 일이 없다. 다툴 일이
있다고 하면 활 쏘는 경기뿐일 것이다.

궁도 경기에 대하여 공자는 이렇게 말하고 있다. "서로 절하
고 사양하면서 사대(射臺)에 오르고, 끝나면 내려와서 술을 마
신다. 그 경쟁이야말로 군자답다." 경기자는 서로 정중히 인사
하고 당(堂)에 올라 활을 쏘고 끝나자 당하로 내려와서 다시
인사를 교환하고 술을 마신다. 이것이야말로 군자의 경기라는
것이다.
  남과 쓸데없이 사소한 일로 다투지 말라고 공자는 가르치고
있다. 또한 노자(老子)도 '부쟁의 덕(不爭德)'이란 교훈을 말하
고 있다. 여기에서의 예란, 오늘날의 경기 규칙을 뜻한다. 따라
서 이런 규칙에 따른 경기는 군자다운 면모를 길러준다는 말이
다.

주

• 必也(필야) : 반드시 하는 것은. 불가피한 경우는.

6일

繪事後素

그림을 그리는 일은 흰 바탕이 있은 뒤에 된다.

소(素)라는 것은 그림을 그릴 때 쓰는 흰 명주 또는 호분(胡粉)을 칠한 천이라는 설도 있다. 요컨대 색을 칠하기 전의 흰 바탕인 것이다.

완벽한 흰 바탕이 없으면 좋은 그림이 나올 수 없다. 공자가 여기서 그림을 그리는 데 바탕이 중요하다고 강조한 뜻은 인간의 바탕을 이루는 덕성(德性)을 말한다.

주

이 글귀 앞에 다음과 같은 시귀가 있다.

'방긋 웃는 웃음에 입술이 더욱 곱고 반짝이는 눈매 어여뻐라. 흰 바탕에 고운 무늬 이루었네.[巧笑倩兮 美目盼兮 素以爲絢兮]' 자하가 공자에게 이 시는 무엇을 뜻하는 글이냐고 물은데 대한 대답이다.

7일

祭如在 祭神如神在

조상을 제사지낼 때는 생존해 계신 것처럼 하고, 신을 제사지낼 적에도 신이 와 있는 듯이 한다.

제사에 참례하는 태도는 형식이 중요한 것이 아니고 경건한 마음가짐이 중요하다는 가르침이다. 그래서 공자는 자신이 직접 제사를 지내지 못함은 제사를 지내지 않는 거와 같다고 술회하기도 했다.

주

- 祭(제) : 조상들에 대한 제사.
- 如在(여재) : 생존해 계신 것처럼 하다.
- 神(신) : 조상 외의 다른 신들.

8일

不然 獲罪於天 無所禱也

그렇지 않다. 하늘에 죄를 지으면 빌 곳도 없게 된다.

위나라 대부(大夫 : 고관) 왕손가(王孫賈)가 안방의 신에게 비는 것보다 부뚜막의 신에게 비는 게 낫다.[군주에게 아부하는 것보다 권신에게 잘 보이는 것이 낫지 않은가]라고 질문한데 대하여 공자가 반박한 대답이다.

왕손가는 당시 위나라의 실권자. 암암리에 공자에게 자기에게 잘 보이도록 처신하라고 권함을 단연 거절한 대목이다.

주

• 獲罪(획죄) : 죄인을 얻음. 죄인이 됨. 죄를 지음.
• 所禱(소도) : 빌 곳.

子貢欲去告朔之餼羊 子曰 賜也
爾愛其羊 我愛其禮

사야, 너는 그 양을 아끼나, 나는 그 예를 아낀다.

옛날 조정에서는 1년이 시작되는 연초에 제후에게 달력을 나누어 주고, 제후는 매월 1일에 신에게 산양을 받치고 그 달력을 백성들에게 제시하고, 한 해의 영농계획을 세우도록 하였다. 이 행사를 '곡삭의 희양(告朔之餼羊)'이라고 했다. 제자인 자공이 형식 뿐이고 내용이 없는 이런 의식은 폐지해야 된다고 주장하자, 공자는 전통 의식이 없어지는 것을 애석하게 생각해서 반대했다. 그 때의 대화이다.

주

• 告朔(곡삭) : 옛날 조정에서 일년이 시작되는 연초에 제후에게 달력을 나누어 줌.
• 餼羊(희양) : 제물로 바치는 살아 있는 양.
• 爾(이) : 너, 그대. • 愛(애) : 아끼다. 아깝게 여기다.

事君盡禮 人以爲諂也

임금을 섬김에 예를 다하는 것을 사람들은 아첨하는 것이
라고 여긴다.

　군주나 윗사람 밑에서 일할 때 온화한 말을 쓰고 태도를 삼
가고 정중히 하는 것이 아랫사람으로서의 본분이다. 그러나 주
위의 속물들에게는 그것이 굽신거리고 아첨하는 것으로 보이
므로, 여기에 신참자나 연소자들이 윗사람을 모시는데 있어서
의 어려운 점이다. 그러나 설사 오해를 받는다 하더라도 윗사
람에 대해서는 정중한 태도로 예를 다하는 것이 도리이다.

주

• 事君(사군) : 임금을 섬김.　• 諂(첨) : 아첨하다. 알랑거리다.

君使臣以禮 臣事君以忠

임금은 신하를 예로써 부리고, 신하는 임금을 충으로써
섬겨야 한다.

노나라의 임금 정공(定公)이 "임금이 신하를 부리고, 신하가
임금을 모시는 데는 각각 어떠한 마음가짐이 필요한가?"라고
질문했을 때, 공자가 대답한 말이다.

'충(忠)'이란, 진심을 다 쏟는다는 의미를 가지고 있다. 즉
'군(君)에는 충(忠)'이란 말은 임금에 대하여 성심성의를 다한
다는 뜻이다.

군신의 관계는 서로의 문제이며, 어떤 한쪽이 아니고 균형이
맞아야 좋은 관계를 유지할 수 있다. 즉 군신의 관계를 확립하
는 것은 단순한 위계 질서의 차원에서만 가능한 것이 아니라,
예와 충의 화목이라는 큰 범주 속에서 이루어지지 않으면 안
된다는 뜻을 말함이다.

주

• 定公(정공) : 노나라 임금. 이름은 송(宋). 양공의 아들이며,
소공(昭公)의 아우. 15년간 나라를 다스림.

成事不說 遂事不諫 旣往不咎

다 된 일에 대해서는 말하지 아니하며, 끝난 일에 대해서
는 간하지 말며, 지난 일은 탓하지 말아야 한다.

노나라 임금 애공이 공자의 제자 재아(宰我)에게 나무를 신
체(神体)로 하는 신목(神木)에 대하여 물어왔을 때, 재아는 '하
(夏)나라 때는 소나무(松), 은나라 때는 잣나무(柏), 주나라 때
는 밤나무(栗)를 사용했다'고 대답했다. 이 말을 듣고 공자가
이와 같이 타이른 말이다. 과거지사 또는 한 일에 대해서 이러
쿵저러쿵 비판한다 해도 어쩔 수 없다는 뜻이다.

주

• 宰我(재아) : 공자의 제자. 성은 재. 이름은 여(予), 자는 자아
　　　(子我). 노나라 사람. • 遂事(수사) : 다 끝난 일.
• 諫(간) : 간하다. 간하여 바로잡거나 그만두게 하는 일.
• 旣往(기왕) : 이미 지난 일. 과거의 일.
• 咎(구) : 탓하다. 잘못을 추구하다.

13일

天將以夫子爲木鐸

하늘은 장차 선생을 사회의 지도자로 삼으려고 하고 있습니다.

공자의 일행이 위나라 국경에 있는 의(儀)라는 곳에 머무르고 있을 때, 그 곳의 책임자가 면회를 신청해 왔다. 면회를 끝내고 공자의 제자들에게 한 말로 세상이 어지러워 지금은 공자가 뜻을 펴지 못하고 있지만, 마침내는 세상을 가르치고 깨우치는 지도자가 될 것이라는 말이다.

주

'목탁(木鐸)'은 방울 모양을 하고 있으며, 당시에는 정부의 명령이나 법률 등을 전달할 때, 관원은 이것을 흔들며 다녔다. 따라서 목탁은 백성을 가르치고 깨우치는 역할을 한다는 뜻이다.

居上不寬 爲禮不敬 臨喪不哀

윗자리에 있으면서 너그럽지 못하고, 예를 차리되 공경스럽지 못하고, 상을 당하여 슬퍼하지 않는다(이런 태도라면, 무슨 인격이 있다고 할 것인가).

윗자리에 있으려면 '너그러움'이 가장 중요하다. 지도적 입장에 있는 사람이 이런 기량이 없다면 어떻게 아랫사람을 잘 다스릴 수가 있겠는가. 또 관혼상제와 같은 의례에 참석할 때에는 마음가짐의 자세가 중요함을 일깨운 말이다.

주

• 居上(거상) : 윗자리에 있는 것.
• 寬(검) : 너그럽다, 관대하다.
• 臨喪(임상) : 상을 당하다. 상사(喪事)에 임하다.

15일

里仁爲美 擇不處仁 焉得知

마음이 어질다 함은 아름다운 것이다. 스스로 가리어진
곳에 살지 않는다면, 어찌 지혜롭다고 하겠는가.

교언영색(巧言令色), 입에 발린 말과 좋은 얼굴빛으로 자기
주장을 미화하고 합리화하며, 선택적으로 인을 벗어나는 행동
을 하는 자를 지혜로운 사람이라고 할 수 없다.

주

• 里(이) : 사는 마을. • 擇(택) : 사는 곳을 가리는 것.
• 焉(언) : 어찌. • 知(지) : 지혜롭다고 하다.

16일

不仁者 不可以久處約 不可以長處樂
仁者安仁 知者利仁

어질지 못한 사람은 오래 곤궁하게 지내지 못하고, 또 오
래도록 안락한 환경에 처해 있지도 못한다. 어진 사람은
인을 편안히 여기고, 지혜로운 사람은 인을 이롭게 여긴
다.

어질지 못한 사람들은 곤궁하면 수단·방법을 가리지 않고
거기서 벗어나려 하고, 안락한 처지가 되면 허영과 사치로 그
안락을 오래 지키지 못한다. 오직 어진 사람과 지혜로운 사람
만이 곤궁과 안락을 초월하여 꾸준히 자기의 이상을 추구한다
는 뜻이다.

주

• 處約(처약) : 곤궁함에 처하다. 곤궁하게 지내다.
• 安仁(안인) : 인을 편안히 여기다.
• 利仁(이인) : 인을 이롭게 여기다.

17일

唯仁者 能好人 能惡人

오직 어진 사람만이 사람을 좋아할 줄도 알고 사람을 미
워할 줄도 안다.

인의 길을 터득한 사람은 좋은 것은 좋다고 하고, 나쁜 것은
나쁘다고 하는 공평성을 가지고 있다. 바꾸어 말하면 인자(仁
者)는 사심이 없으므로, 참으로 사람의 선을 사랑하고, 사람의
악을 미워할 수가 있다.
어진 마음을 갖지 못한 사람은 사리사욕에 흐르기 때문에
공평한 판단을 잃고 진정으로 사람을 사랑하거나 미워할 수가
없게 된다.

주

• 唯(유) : 오직. 다만. • 惡人(오인) : 사람을 미워하다.

18일

苟志於仁矣 無惡也

참으로 인에 뜻을 두었다면, 그 마음 속에는 악한 것이
없게 될 것이다.

어진 마음을 가지고 있는 사람은 악한 것을 생각하지 않는
다. 그러므로 자연히 선한 생각만 하게 된다는 뜻이다. 구(苟)
를 여기서는 참으로라고 해석했지만, 만약에(若), 또는 다만
(但)이라고 해석하는 학자도 있다.

주

• 無惡也(무오야) : '무악야'라고 읽으면 악은 없다, 악행이 없
　　다로 해석할 수 있고, '무오야'라고 읽으면 미워함이 없다
　　라는 뜻이므로 결과적으로 악이 없다와 같은 말이 된다.

君子去仁 惡乎成名

군자가 인을 버린다면 어찌 군자란 이름이 이룩되겠는가.

권력, 부귀, 예술 등으로 이름을 빛낼 수는 있을 것이다. 그러나 참으로 훌륭한 사람은 인덕을 갖추는 이외의 일로 명예를 얻으려고 하지는 않는다. 인의 길이야말로 군자의 최종 목표가 되지 않으면 안 된다는 뜻이다.

주

• 去(거) : 버린다. 면하려 하다. • 惡乎(오호) : 어찌, 어떻게.
• 成名(성명) : 군자란 이름을 이룩하다.

20일

君子無終食之間違仁 造次必於是
顚沛必於是

군자는 식사를 할만한 짧은 시간에도 인을 벗어나지 않으
며, 다급한 상황에서도 인을 지키고 위급할 때에도 꼭 인
을 지켜야 한다.

그 앞에서 공자는 이렇게 말하고 있다. "부귀는 누구나가 좋
아하고 바라는 것이다. 그러나 올바른 수단으로 이루어진 것이
아니라면, 집착하지 말라. 빈천은 누구나가 싫어하는 것이다.
그러나 올바르게 살아가면서 그렇게 되었다면 무리하게 피하려
고 발버둥칠 필요는 없다."

주

• 終食之間(종식지간) : 밥 한끼 먹는 동안, 짧은 시간.
• 造次(조차) : 다급한 때.
• 於是(어시) : 이것에 의지하다. 이것, 곧 '인'을 지키다.
• 顚沛(전패) : 顚은 넘어지다, 沛는 자빠지다는 뜻으로 매우
   위급한 때를 말함.

21일

人之過也 各於其黨 觀過 斯如仁矣

사람들이 저지르는 잘못은 각기 그 부류를 따른다. 잘못
을 보면 곧 그의 인을 알 수 있다.

어울리는 사람에 따라 그의 성품이 달라짐을 말한 글이다.
허물을 보면, 그 사람이 어울린 성품을 짐작할 수 있다.
　이 대목은 인간의 본성을 관찰하는 방법을 논한 것인데 실
패했을 때, 그 사람의 참모습을 알아볼 수가 있다는 말이다.

주

· 於其黨(어가당) : 그가 속한 무리를 따른다.
· 斯(사) : 곧. 즉.

22일

朝聞道 夕死可矣

아침에 바른 도에 대해 듣는다면, 그날 저녁에 죽어도 좋으리라.

공자의 유명한 격언이다. 여기서 도란 사람으로서의 올바른 길이며, 인륜의 규범이기도 하다. 공자는 생애를 통해서 이 길을 추구해 왔다. 공자의 생각으로는 학문에 뜻을 두는 것도, 수양에 힘쓰는 것도, 결국은 도를 구하기 위해서라고 말했다. 도를 통해서 곧 인간의 삶의 방법이나 존재하는 방법을 터득함은 대단히 중요한 것이며, 그것을 이루웠다면 그 날로 죽더라도 후회는 없다. 엄숙한 구도자의 자세를 말하고 있다.

23일

士志於道 而恥惡衣惡食者 未足與議也

선비가 도에 뜻을 둔 사람으로서 나쁜 옷, 나쁜 음식을
부끄럽게 여긴다면 함께 의논할 상대가 되지 못한다.

士(선비)라 함은, 본래 후(候)·경(卿)·대부(大夫)에 버금가
는 관원을 가리킨다. 여기서는 수양이나 구도를 목적으로 하는
사람을 뜻한다.

선비는 중국이나 한국에서도 지조 높은 수양인으로서 사회
적으로 우러러보는 인물이다. 그런 사람이 일상생활에서 가난
을 부끄럽게 여기고, 호의호식만을 추구한대서야 무슨 가치가
있겠는가. 그런 인물과는 더불어 말하기조차 싫다고 하는 뜻을
말하고 있다.

≫주≪

• 恥(치) : 부끄럽다. • 議(의) : 의논하다는 뜻으로 쓰였다.

24일

君子之於天下也 無敵也 無莫也
義之與比

군자는 천하의 일에 대하여 꼭 그래야 한다고 고집을 부
리지도 않고, 또 절대로 그렇게는 못하겠다고 반대하지도
않는다.

요컨대, 군자가 처신하는데는 선입관이나 잠재의식을 버리
고 객관적이 아니면 안 된다고 타이르고 있다. 이 글은 노자,
장자가 주창한 무위자연(無爲自然)의 삶의 방식과 일맥상통하
는 점이 있다.

☞ 주 ☜

- 適(적) : 괜찮다고 하다. 꼭 그래야 한다고 하다.
- 莫(막) : 안 된다고 하다. 절대로 안 된다고 하다.
- 比(비) : 좇다. 따르다.

25일

君子懷德 小人懷土 君子懷刑 小人懷惠

군자는 덕을 생각하나, 소인은 편히 살 곳을 생각한다.
군자는 법도를 생각하나, 소인은 혜택을 생각한다.

정치하는 사람들이 인덕(仁德)에 기본을 두고 정치에 마음을 쓰면 국민들은 국토에 안주하며 생업에 힘쓰게 된다. 또 정치하는 위정자들이 법과 형벌에 의거하여 정치를 행하면 국민들은 혜택만을 기대하게 된다.

통설에 의하면, 군자는 도덕을 생각하고, 소인은 생활을 해야 하기 때문에 토지에 안주할 생각밖에 하지 않는다. 군자는 법칙에 적합한 것을 생각하지만, 소인은 혜택만을 기대할 따름이라고 되어 있다. 또 다른 해석은 군자는 덕을 마음에 두고 소인은 혜택을 마음에 둔다고 말한다.

⟫⟫주⟪⟪

· 懷(회) : 생각하다.   · 刑(형) : 법. 법도.
· 惠(혜) : 은혜. 혜택.   · 土(토) : 편히 사는 곳.

論 | 語 | 365 | 日
62

26일

放於利而行 多怨

이익을 따라서 행동하면 원망을 많이 사게 된다.

이익을 추구함이 전적으로 나쁘다는 뜻은 아니다. 특히 자본주의 사회에서는 이윤의 추구를 도외시하고 기업을 경영한다는 것은 넌센스다. 그러나 자기의 이익을 구하는 것을 최우선시하면 '저 사람은 돈밖에 모르는 수전노'라는 비판을 받게 된다. 『논어』의 이 교훈은 화교들의 상업 이념으로도 되어 있다.

주

• 放(방) : 따르다. 의지하다. • 怨(원) : 원망, 원한.

27일

> 能以禮讓爲國乎 何有
> 不能以禮讓爲國 如禮何

예의와 겸양으로 나라를 다스린다면, 무슨 어려움이 있겠
는가? 예의와 겸양으로 나라를 다스리지 못한다면 아무리
예의가 있어 무엇하겠는가?

'상대의 입장을 존중하고, 작은 것은 서로 양보하고, 때로는
타협한다.' 이와 같은 자세가 오늘날의 현대인에게도 절대적으
로 필요한 덕목이다. 유아독존(唯我獨尊)으로 자기가 무엇이
던지 가장 높고 빠르다고 생각하면 아무리 갖추었더라도, 정치
는 원만하게 이루어지지 못할 것이다.

주

• 禮讓(예양) : 예의와 겸양. • 爲國(위국) : 나라를 다스리다.
• 何有(하유) : 나라를 다스리다.
• 如禮何(여예하) : 예제는 문물제도를 말함.

> 不患無位 患所以立
> 不患莫己知 求爲可知也

자기에게 지위가 없는 것을 걱정할 필요가 없고, 지위에
걸맞는 실력을 몸에 지니도록 노력을 해야 된다.

'나를 알아주지 않는 것을 걱정하지 말고, 알아줄 수 있는
방법, 실력 배양을 구하라.'

누구나 자신이 출세하고 인정을 받고자 하는 것은 모두 그
자신에게 달려 있다. 지위와 명성에 맞는 내용(실력)을 갖추도
록 노력하라는 교훈이다.

주

• 所以立(소이입) : 자기가 바라는 지위에 오를 수 있는 조건.
  곧 자기의 학문이나 능력·인격 같은 품위를 말함.
• 求爲可知(구위가지) : 자기를 인정 받도록 노력한다.

三月

君子喻於義　小人喻於利

1일

吾道一以貫之

나의 도는 하나로 관통되어 있다.

증자(曾子)를 중심으로 해서 제자들이 도덕상의 문제를 담론하고 있을 때, 공자가 증자를 향해서 한 말이다.

공자가 그 자리를 뜨자, 제자 한 사람이 이 말의 진의를 묻는 물음에 증자는 이렇게 대답했다.

"부자(夫子;선생)의 도는 충서(忠恕)뿐이다."

선생님의 도는 '남을 생각하는 거야'라는 뜻이다. 초지일관(初志一貫)이란 말은 여기서 나온 격언이다.

❖ 주 ❖

• 貫(관) : 관통되다. 꿰뚫다.
• 忠恕(충서) : 자신에게나 남에게 모든 성의와 최선을 다한다.

2일

君子喩於義 小人喩於利

군자는 이로움에 밝고 소인(범인)은 이익에 밝다.

사물을 처리함에 있어서 군자는 자기 행동이 의(義)에 합당한가, 아니한가를 문제로 삼는다. 반대로 소인은 자기의 행동이 수지타산이 맞는가, 아닌가를 생각한다.

공자는 이익을 추구하는 것을 우선으로 하는 태도는 군자로서 취할 자세가 아니라고 배척하고 있다.

주

• 喩(유) : 밝다. 깨닫다. 잘 알다.

見賢思齊焉 見不賢而內自省也

홀륭한 사람을 보게 되면, 자기도 그와 같이 되고 싶다고
생각하고, 현명치 못한 사람을 보게 되면, 자기 반성으로
삼아야 한다.

즉, 자기보다 잘난 사람을 대했을 때나 못한 사람을 만났을
때도 항상 자기 반성의 표본으로 삼아야 한다는 가르침이다.
이렇게 하면 인물의 선악에 불구하고 자기 자신은 겸손하므로
언제나 계기를 마련할 수가 있다. 또 여기에 나오는 현(賢), 불
현(不賢)이란, 실제로 만난 인물이 아니라도 서적이나 신문에
등장하는 인물도 해당된다.

주

• 思齊(사제) : 같아질 것을 생각한다.
• 內自省(내자성) : 마음 속으로 스스로를 반성하다.

4일

> ### 事父母幾諫 見志不從 又敬不違
> ### 勞而不怨

부모를 섬김에 있어서, 만일에 부모에게 잘못이 있을 때
에는 은근히 간하는 것이 좋다. 만일 들어주지 않더라도
더욱 공경하고 부모의 뜻을 어겨서는 안 되며, 어버이를
위해서 애를 쓰되 절대로 원망하지 말아야 한다.

　이 대목은 부모님의 잘못을 자식의 입장에서 바로 잡아들이
고자 할 때의 태도를 말한 것이다. 이 말은 우리들의 대인관계
에도 적용된다고 할 수 있다. 상대방의 결점을 탓하거나 나무
람보다는 은근히 지적하고 이해시키는 것이 좋다.

주

- 幾諫(기간) : 은근히 완곡하게 간하다.
- 見志不從(견지부종) : 부모가 간하는 말을 따르지 않는다.
- 不違(불위) : 부모의 뜻을 어기지 않는다.
- 勞(노) : 보통은 어버이를 위해서 노고(勞苦)한다는 뜻이다.

5일

父母在 不遠遊 遊必有方

부모님이 살아 계신 동안에는 먼 곳으로의 여행은 삼가야
하며, 만일 여행을 떠난다면 반드시 가는 곳을 명확히 밝
혀 두어야 한다.

부모가 살아 계실 동안에는 그 슬하에서 멀리 떠나지 않도
록 마음 쓰는 것은 되도록 부모에게 걱정을 끼치지 않게 하기
위해서다. 그러나 부득이 먼 곳으로 여행을 하게 되는 경우에
는 행선지와 귀가 일정을 명확히 밝혀 두어야 부모는 안심할
수 있다.

옛날 중국에서 여행은 고생과 위험을 수반하였다. 부모는 자
식의 안전 무사를 빌고 있기 때문에 불필요한 걱정을 끼치지
않는 것이 효행의 근본이라고 여겼다.

주

• 在(재) : 부모가 살아 계시는 동안을 말함.
• 遠遊(원유) : 멀리 여행하다. 멀리 가서 놀다.
• 方(방) : 일정한 방향. 일정한 곳.

6일

父母之年 不可不知也
一則以喜 一則以懼

부모의 나이는 항상 기억해 두지 않으면 안 된다. 한편으로는 오래 사시는 것이 기쁘고, 또 한편으로는 부모가 늙어가는 것을 두려워해야 한다.

현재의 젊은층은 양친과 함께 사는 것을 기피하고, 따로 사는 사람이 많기 때문에 의외로 부모의 나이를 정확히 기억을 못하는 이가 많다. 경로사상을 일깨워주는 말이다.

주

- 父母之年(부모지년) : 부모의 나이.
- 知(지) : 기억하다는 뜻으로 쓰였음.
- 以喜(이희) : 부모의 나이를 기억함으로써 건강히 오래 사는 것이 기쁘다.
- 以懼(이구) : 부모의 나이가 늘어 노쇠하실까 두려운 것.

7일

古者言之不出 恥躬之不逮也

옛사람들이 말을 함부로 하지 않은 것은 자신의 행동이 따르지 못할 것을 부끄럽게 여겼기 때문이다.

물이 흐르듯 막힘 없이 말을 잘 하는 사람은 실제의 행동이 동반하지 못해 신용이 없는 경우가 많다.

공자는 이런 사람을 매우 싫어한다. 도리어 말은 어눌해도 좋으니까 실천을 우선으로 하는 사람이 좋다고 생각하고 있었다. 당시에도 말을 경솔히 내뱉는 사람이 많았으므로 공자는 그런 풍조를 경계하고 싶었던 것이다. 또 말은 느리게 하고 행동은 민첩하게 하라고 공자는 훈계하고 있다.

주

• 古者(고자) : 옛사람. 여기서는 옛 성현을 말함.
• 躬(궁) : 몸소.   • 不出(불출) : 말은 함부로 하지 않는 것.
• 逮(체) : 미치다(及). 따르다.

以約失之者 鮮矣

검약하면 실패하는 자가 드물다.

'약(約)'이란 검약한다는 뜻으로 물질적으로는 절약하는데 마음을 쓰고, 정신적으로는 깊고 멀리 생각해서 매사를 착실하게 실천하므로 실패하는 일이 거의 없다.

즉 크게 떠벌리며 화려한 행동을 하는 사람은 요행히 들어 맞으면 크지만, 그 대신 실패하는 확률이 많다. 그런 사람들은 언동이 화려해서 주위 사람들로부터 화제에도 많이 오르내리고 오해도 많이 받는다. 공자는 이런 인물보다 착실한 실천주의자를 중요시했다.

주

• 失(실) : 실패, 실수. • 約(약) : 검소하다.

君子欲訥於言 而敏於行

군자는 말은 더듬지만 행동은 민첩하게 하고자 한다.

세간에는 언변은 가볍고 능하나 실행에 옮길 때에는 느리고 우둔한 사람이 있다. 공자는 이런 인물을 싫어했다. 그는 도리어 입은 무거워도 행동이 민첩한 사람을 좋아했다.

『논어』에는 웅변보다도 눌변(訥辯)을 택하고, 말없이 실행하는 사람을 추장하는 경구가 많이 나온다. 그것은 그 자신의 성행이기도 하지만, 당시에 말만 많고 실행이 따르지 않는 사람이 많은 것에 공자가 비판적이었기 때문이다.

주

• 慾(욕) : 바라다. 하고자 하다.
• 訥(눌) : 말을 더듬다. 여기서는 군자의 입이 무거움을 뜻한다.

10일

德不孤 必有隣

덕을 갖춘 사람은 외롭지 않다. 반드시 이웃이 있다.

'덕(德)'이란 말도 인이나 도와 같이 『논어』에서는 가끔 등장한다. 그 정의는 설명하기 어렵지만, 영어의 모럴(moral)과 같은 의미라고 생각하면 된다.

수양하는 입장에서 보면 이 타이틀은 옳은 말이다. 덕을 갖추고 있지만 때를 얻지 못한 사람에게는 격려의 말이 될 수 있다. 하지만, 현대사회에서는 아무리 덕을 갖추고 있더라도 능력이 없으면 성공하기가 어렵다.

주

• 孤(고) : 고립된 상태를 말함. • 隣(린) : 이웃 鄰과 같음.

11일

子遊曰 事君數 斯辱矣 朋友數
斯疏矣

왕을 섬기면서 자주 간하면 오히려 욕이 되고, 친구와 사
귐에 있어서도 너무 자주 충고를 하게 되면, 오히려 사이
가 멀어지게 된다고 자유가 말했다.

　군주에게 잘못이 있을 때는 신하로서 간언을 해야 된다. 또
친구가 잘못을 저질렀으면 충고해야 마땅하다. 그러나 그 도가
지나치면 역효과가 된다. 여기에 간언이나 충고의 어려운 점이
있음을 경계한 말이다. 그러므로 그 적정선을 유지하는 것이
중요하다는 뜻이다.

주

• 數(수) : 자주. 자주 번거로이하다는 뜻.
• 子遊(자유) : 공자의 제자. 성은 언(言). 이름은 언(偃).
• 斯(사) : 오히려. 도리어.　• 疏(소) : 멀어지다. 소원해지다.

12일

可妻也 雖在縲絏之中 非其罪也

아내를 거느릴 만하다. 비록 감옥에 들어갔던 일은 있지
만, 그것은 그 자신의 죄는 아니었다.

　이 장은 공자가 제자인 공야장(公冶長)을 평한 말이다. 공자
는 자기 딸을 공야장에게 출가시켰다.

주

• 公冶長(공야장) : 공자의 제자. 성은 공야. 이름은 장(長). 자
　는 자장(子長). 인격이 고결했지만 억울한 죄로 감옥에
　들어간 적이 있었다.
• 縲絏(누설) : 검은 새끼로 묶는다는 뜻이다. 옛날에는 죄인을
　검은 새끼로 포승을 했다. 전(轉)해서 감옥에 수감되었다
　는 뜻으로 쓰인다.

13일

焉用佞 禦人以口給 屢憎於人
不知其仁 焉用佞

말재주야 어디에 쓰겠는가. 구변으로써 사람들을 응대하
면 노상 남에게 미움만 사는데, 그가 인자인지 아닌지는
모르지만, 말재주야 어디에 쓰겠는가.

어떤 사람이 공자의 제자인 염옹(冉雍)을 가리키며 말했다.
'저 사람은 인자인지는 모르나, 애석하게도 말을 잘못한다'고
비평한데 대하여 공자가 반박한 말이다.

주

• 佞(녕) : 말재주가 능한 것   • 口給(구급) : 말의 달인.
• 冉雍(염옹) : 공자의 제자. 성은 염(冉). 이름은 옹(雍), 자는
　　　　중궁(仲弓).
• 焉用(언용) : 어디에 쓰겠는가. 무슨 소용이 있겠는가?
• 禦(어) : 대하다. 응대하다.

14일

道不行 乘桴浮于海 從我者 其由與

도가 행하여지지 않아 뗏목을 타고 바다로 떠나가게 되면, 나를 따를 자는 유(由)뿐일 것이다.

공자는 만년에 천하를 주유할 때, 도덕은 타락하고 이상은 실현될 가망이 없으니 차라리 뗏목을 타고 바다로나 갈까. 당시에 바다는 절망의 곳, 유암(幽暗)의 세계라고 여기고 있었다. 거기에 가고 싶다는 것은 도를 행하고자 분투했으나 한계를 느끼고, 절망 또는 체념한 나머지 개탄하여 토로한 말이다.

주

• 乘桴(승부) : 뗏목을 타다. • 浮于海(부우해) : 바다를 떠돌다.
• 由(유) : 공자의 제자. 자로(子路)의 이름.

賜也 何敢望回 回也聞一以知十
賜也聞一以知二

제가 어찌 감히 회와 견줄 수 있겠습니까. 안회는 하나를 들으면 열을 깨닫는데, 저는 하나를 들으면 둘을 깨닫는 정도 밖에 못됩니다.

공자가 자공을 향하여, 너와 안회를 비교하면, 누가 더 우수하다고 생각하는가?라고 질문하자, 자공이 대답한 말이다.

"맞는 말이다. 너뿐만 아니라, 나도 그에게는 미치지 못한다."고 공자는 결론을 맺었다.

'하나를 듣고 열을 안다(一以十知)'라는 격언은 여기서 나온 고사이다.

주

• 賜(사) : 자공(子貢)의 이름. • 望(망) : 바라보다. 견주다.
• 回(회) : 안연(顔淵).

16일

朽木不可雕也 糞土之牆
不可朽也 於予與何誅

썩은 나무에는 조각을 할 수 없다. 똥을 섞어서 만든 흙
으로 쌓은 담장에는 흙손질을 할 수 없다. 너를 꾸짖어
보았자, 무슨 소용이 있겠는가.

제자인 재여(宰予)가 게을리 낮잠을 자고 있는 모습을 보고,
공자가 질책한 말이다. 이어서 이렇게 덧붙였다.
"전에 나는 상대방의 말을 듣고 행동까지 믿었다. 그러나 지
금은 말뿐만이 아니고 행동을 확인하지 않고서는 안심할 수가
없다. 내가 이렇게 변하게 된 것은 재여 때문이다."
당시 중국에서는 낮잠을 자는 것은 게으른 탓이라고 여겼다.

주

• 朽木(후목) : 썩은 나무. • 糞土(분토) : 똥을 섞은 흙.
• 雕(조) : 조각하다. • 朽(오) : 흙손으로 칠하다.
• 牆(장) : 담. • 誅(주) : 꾸짖다.

17일

子貢曰 我不欲人之加諸我也
吾亦欲無加諸人

자공이 말했다. 나는 남이 나에게 좋지 못한 일을 하는 것도 바라지 않고, 또한 나도 남에게 좋지 못한 일을 하지 않고자 합니다.

이 말에 대하여 공자는 이렇게 대답했다. "자공아, 너는 아직 그렇게 할 수 없을 것이다."

자공은 공자의 제자 중에서도 재기에 넘치는 사람이었다. 그의 결점을 공자는 타이르고 있다. 말하기는 쉬우나 실행하기는 어렵다는 것을 격려한 교훈이다.

주

• 加諸我(가제아) : 나에게 좋지 못한 일을 함.

18일

子貢曰 夫子之文章 可得而聞也
夫子之言性與天道 不可得而聞也

자공이 말하였다. 선생님의 문장력은 가히 얻어들을 수
있으나 선생님의 인성과 천도에 관한 말씀은 없었다.

여기서 말하는 문장은 예악·역사·정치 등 제반 문화에 대
한 지식 체계를 지적하고, '성여천도(性與天道)'는 인간의 본
성과 하늘의 도리라는 뜻이다.
이 글에서 보면 공자는 추상적인 이론보다도 실증적인 학문
을 전개하는데 힘을 기울인 듯하다.

주

• 夫子(부자) : 공자를 말한다. • 天道(천도) : 하늘의 섭리.

19일

子路有聞 未之能行 唯恐有聞

자로는 무슨 교훈을 들으면, 그것을 아직 실행하지 못하고
있을 때, 또 다른 새로운 교훈을 들을까 두려워하였다.

　자로는 다소 경솔한 점은 있지만 우직해서 공자의 가르침을
들으면, 그것을 실행에 옮기려고 노력하곤 하였다. 그러므로
이중 삼중으로 다른 가르침을 받는 것을 두려워하는 성격이었
다.
　현대인에게도 자공과 같은 수재형과 자로와 같은 우직형이
있다. 후자는 받은 가르침을 하나하나 실행해 가려고 하기 때
문에 많은 것을 시키면 혼란을 가져오게 됨을 경계한 말이다.

주

• 未之能行(미지능행) : 아직 실행하지 못함.
• 聞(문) : 교훈을 들음.　• 唯恐(유공) : 매우 두려워하다.

敏而好學 不恥下問 是以謂之文也

영민하면서도 배우기를 좋아하고, 아랫사람에게 묻는 것을 조금도 부끄럽게 생각하지 않았다. 그러므로 문이라는 시호를 붙인 것이다.

자공이 공자에게 "공문자(孔文子)는 어째서 문이라는 훌륭한 시호를 받게 된 것입니까?"라고 질문한데 대해 대답한 말이다.

주

- 孔文子(공문자) : 위나라의 대부, 이름은 어(圉). 사후에 문자(文子)라는 시호를 받았다. 당시에는 그 인물의 성행, 인품에 걸맞는 시(諡)를 붙여 주는 관행이 있었다.
- 敏(민) : 영민하다는 뜻으로 쓰였음.
- 謂之文(위지문) : 그를 문이라 부르다. 그에게 시호를 '文'이라고 붙인 것.
- 不恥下問(불치하문) : 모르는 것이 있으면 아랫사람에게 묻는 것을 부끄럽게 생각하지 않는다.

有君子之道四焉 其行己也恭 其事
上也敬 其養民也惠 其使民也義

군자는 네 가지 자격을 갖추고 있으니, 그의 행실이 공손
하였고, 윗사람을 섬김에 공경스러웠고, 백성들을 다스림
에 은혜로웠고, 백성들을 부림에는 의로웠다.

공자가 자산(子産)을 평한 말이다.

자산은 정나라의 명재상으로 공자보다 약간 선배이다. 공자
가 가장 존경했던 정치가이기도 하다. 진보적인 재상이며, 내
정, 외교 양면에 수완을 발휘했을 뿐만 아니라, 교양을 갖춘 지
식인으로서도 훌륭한 인물이었다. 공자가 31세 때 세상을 떴
다. 공자가 거론한 네 가지 군자의 조건은 주목할 일이다.

주

• 行己(행기) : 자기의 행실.
• 養民(양민) : 백성을 길러주다. 백성을 다스리는 것을 말함.

晏平仲 善與人交 久而敬之

안평중은 사람들과 잘 사귀었다. 오래 사귈수록 그를 존경하였다.

안평중을 평한 공자의 말이다. 이름은 영(嬰), 제(齊)나라의 영공(靈公), 장공(莊公), 경공(景公) 3대의 군주를 섬기며, 여러 번 국가의 위기를 구한 명재상이다. 경공이 혜성이 나타난 것을 보고 흉사의 전조라고 괴로워하며, 재앙을 막으려고 제사를 지내려 했다. 이때 안평중은 경공에게 간했다. 신에게 빌어도 혜성은 살아지지 않는다. 군주의 재앙은 혜성 때문이 아니라 궁중의 사치를 유지하느라고 백성들에게 높은 세금을 과했기 때문이다. 그것을 고치지 않는 한 대흉성이 나타날 것이라고 하였다. 이같은 합리적인 간언으로 나라를 구했다는 설화가 있다. 공자는 개인적으로는 안평중을 좋아하지 않았지만, 이러한 합리성과 그의 인격에 존경을 보내는 데는 인색하지 않았다.

주

• 久而敬之(구이경지) : 오래 갈수록 그를 존경하다.

> 季文子三思而後行 子聞之曰
> 再斯可矣

계문자는 세 번 생각한 후에 행동에 옮겼다. 이 말을 들은 공자는 두 번만 생각하면 된다고 하였다.

계문자는 사물에 대하여 신중한 사람으로, 언제나 세 번 정도 이리저리 이해득실을 검토한 후에야 실행에 옮겼다고 한다. 그 때문에 기회를 잃은 경우도 있었다고 한다. 충분히 생각할 필요는 있지만, 도를 지나치는 것은 좋지 않다. 공자는 그 점을 꼬집어 평한 말이다.

주

• 季文子(계문자) : 노나라의 대부. 이름은 행부(行父). 시호는 문(文).

寧武 邦有道則知 邦無道則愚
其知可及也 其愚不可及也

영무자는 나라에 도가 있으면 지혜로왔고, 나라에 도가
없으면 어리석었다. 그의 지혜로움은 누구나 따를 수 있
다. 그러나 어리석음은 가히 따를 수가 없는 것이다.

　문공시대에는 나라가 잘 다스려졌기 때문에 영무자는 잘 협
조하고 활약했다. 그러나 그 다음의 성공(成公)이 정치를 그르
쳐서 나라가 문란해지자 정치 표면에 나타나지 않고 바보처럼
행세했다 한다.
　이와는 반대로 위나라 영공 때 사어(史魚)라는 대부는 나라
를 잘 다스릴 때나 그렇지 못할 때나 일관해서 신하 노릇을 하
다가 목숨까지 잃었다. 두 인물을 비교한 말이다.

주

• 甯武子(영무자)는 위나라 대부(大夫). 이름은 유(兪).
• 愚(우) : 어리석음.

25일

伯夷叔齊 不念舊惡 怨是用希

백이와 숙제는 지나간 원한을 생각하지 않아, 이들을 원망하는 사람들도 드물었다.

백이·숙제는 은나라 말기의 고죽군(孤竹君)의 아들. 이들 형제는 서로 임금 자리를 양보했다. 주나라 무왕이 은나라의 주왕을 토벌하려 하자 이를 간하였다. 그러나 무왕은 듣지 않고 은나라를 멸망시켰다. 형제는 주나라의 녹을 먹는 것은 깨끗하지 못하다고 하여, 수양산에 들어가서 숨어 살다가 굶어 죽었다. 절개를 지킨 자세는 후세 사람들의 칭송을 받고 있다.

≫주≪

• 舊惡(구악) : 옛 악원.
• 怨是用希(원시용희) : 그들을 원망하는 사람들도 드물다.

26일

匿怨而友其人 左丘明恥之 丘亦恥之

원한을 숨기고 그 사람과 벗하는 것을 좌구명은 부끄럽게
여겼다. 나 역시 부끄럽게 여긴다.

이 앞에 이런 글귀가 있다.

"말을 교묘히 꾸며대고 좋은 얼굴빛을 꾸미고 지나치게 공
손함을 좌구명이 부끄럽게 여겼다. 나 또한 이를 부끄럽게 여
긴다."

윗사람에게 아부하고 굽신거리고 과잉 친절을 베푸는 것을
좌구명은 수치라고 했다. 공자도 그렇게 생각한다는 뜻을 말하
고 있다.

≫주≪

• 丘(구) : 공자의 이름. • 左丘明(좌구명) : 공자의 선배인 듯
하다. • 匿怨(익원) : 원한을 숨기다.

老者安之 朋友信之 少者懷之

노인들은 편안하게 해주고, 친구들에게는 신의를 지키고,
젊은이들에게는 따르게 하여야 한다.

제자인 안연과 자로에게 각자의 포부를 물었다. 자로는 "수
레나 옷을 친구에게 빌려주었다가 훼손된 채 돌려받아도 불평
하지 않는 사람이 되고 싶다."고 대답하고, 안연은 "선행을 자
랑하지 않고 남에게 괴로움을 끼치지 않는 사람이 되고 싶다."
고 대답했다. 거기서 자로는 "선생님의 뜻을 들려주시기 바란
다."고 청원한데 대한 공자의 대답이다.

주

• 懷(회) : 따르게 하다. 보살펴 주다.

28일

已矣乎 吾未見能見其過
而內自訟者也

다 되었구나. 나는 아직 자기의 과실을 발견하고 마음 속
으로 자책하는 사람을 보지 못하였다.

자기가 저지른 과오를 곧이곧대로 인정하려 들지 않고 도리
어 변명하기에 급급한 사람이 많으니 개탄할 노릇이다.

자기 자신에게 엄하지 못하면 진보도 향상도 바랄 수 없다.
공자는 이것을 타이르기 위해서 이렇게 굴절된 표현을 사용한
것이다. 과오를 범했으면 솔직하게 인정하고 주저하지 말고 고
치려고 노력하는 자세가 아쉽다는 교훈이다.

주

• 已矣乎(이의호) : 다 되었구나. 실망을 나타내는 말.
• 訟(송) : 꾸짖다. 자책하다. 추궁하다.

29일

> 十室之邑 必有忠信如丘者焉
> 不如丘之好學也

열 집 정도 되는 작은 동네에도 반드시 충성과 신의에 있어서는 나 정도의 사람이 있을 것이다. 그러나 나 만큼 배우기를 좋아하는 사람은 아마 없을 것이다.

성실성을 지니는 것은 어느 정도 수양을 쌓으면 갖추어지지만, 학문을 즐긴다든가 공부를 계속한다는 뜻은 의지가 강하여야 되고, 끊임없는 노력이 필요하다. 누구나 태어나면서부터 공부를 좋아하는 것은 아니다.

이 대목은 사람들에게 배움을 즐기는 습관을 붙여주고 싶어하는 심정과, 공자의 긍지를 나타내고자 함이 엿보인다. 끊임없이 학문에 임하는 노력을 그는 평생의 자랑으로 삼아왔다.

주

• 十室之邑(십실지읍) : 열 집 정도의 동네. 십호 정도의 작은 마을

雍也 可使南面

옹은 가히 임금 노릇으로 백성을 다스릴 만하다.

훌륭한 정치가가 된다고 하는 의미를 표현한 말이다.

중국에서는 천자는 물론이고 제후라도 옥좌는 모두 남향을 향해 자리잡고 앉아 정치를 했다. 여기서 훌륭한 정치가가 되는 것을 '남면한다'고 말했다. 이에 대하여 신하는 '북면한다'고 한다. 군주의 호위병을 '북면무사(北面武士)'라 하는 말은 여기서 유래된 말이다.

옹은 남면의 역할을 맡을 만한 덕성과 능력이 있는 사람이라고 인정한다는 말이다.

➤➤ 주 ⭠⭠

• 雍(옹) : 공자의 제자중 한 사람. 자는 중궁(仲弓).
• 南面(남면) : 임금이 정사를 듣는 자리. 임금 노릇을 하는 것.
• 使(사) : 부리다. 다스리다.

仲弓曰 居敬而行簡 以臨其民
不亦可乎

중궁은 말했다. 공경스럽게 처신하고 소탈하게 행하면서 백성들을 대한다면 또한 좋지 않겠습니까?

이 글은 앞 문장의 계속이다. 중궁이 자상백자(子桑伯子)의 인물평을 구했더니, 공자는 "그는 소탈해서 좋다."고 평했다. 다시 중궁은 "공경스럽게 처신하고 행동도 소탈하다면 지나치게 소탈한 것이 아니겠습니까?"라고 물은데 대하여, 공자는 "그대의 말이 그럴듯하다"라고 대답하고 있다. 자상백자는 당시의 정치가.

⁂ 주 ⁂

• 行簡(행간) : 簡은 단순하다. 번거롭지 않은 것. 소탈한 것.
• 居敬(거경) : 공경스럽게 처신하다. 마음가짐을 공경스럽게 하다.

四月

人之生也直罔之生也　幸而免

有顔回者好學 不遷怒 不貳過
不幸短命死矣 今也則亡 未聞好學者也

안회라는 사람은 학문을 좋아하여, 노여움을 남에게 옮기는 일이 없고, 같은 잘못을 두 번 다시 저지르지 않았는데 불행하게도 명이 짧아 일찍 죽었다. 지금은 그런 사람이 없으니 학문을 좋아한다는 사람은 아직 들어본 적이 없다.

노나라 애공이 공자에게 제자 중에서 가장 학문을 좋아하는 사람은 누구냐고 물은데 대한 대답이다. 안회, 연(淵)은 공자가 가장 촉망했던 고제자였지만 스승보다 앞서 죽었다.

주

- 不遷怒(불천노) : 노함을 남에게 옮기지 않는다.
- 不貳過(불이과) : 잘못을 두 번 하지 않음.
- 亡(망) : 없다는 뜻으로 無(무)와 통함. 여기서는 안회가 죽었음을 말함.

君子周急 不繼富

군자는 위급한 사람은 도와주지만, 부자를 더 부자가 되
도록 보태주지는 않는다.

　자화라는 제자가 스승의 일로 제나라에 갔을 때, 역시 제자
인 염유가 자화의 모친을 위하여 부재 중에 도와줄 것을 부탁
받았다. 본래 자화는 부자였기 때문에, 공자는 더 이상 물질적
인 도움은 안 해도 될 것이라고 지시했는데도 불구하고, 염유
는 독단적으로 막대한 양의 부양비를 지급했다. 뒤에 공자가
그것을 알고 염유의 부당하고 지나친 조치를 타이른 말이다.

⇒⇒ 주 ⇐⇐

• 子華(자화) : 공자의 제자, 공서적(公西赤)
• 冉有(염유) : 염자(높여 부른 말). 공자의 제자.
• 周急(주급) : 위급할 때 돌봐주다.
• 不繼富(불계부) : 부를 계속 이어주다. 부자에게 보태주다.

犁牛之子 騂且角 雖欲勿用 山川其舍諸

얼룩소 새끼라도 털이 붉고 뿔이 바르다면 비록 제물로 쓰지 않으려 한다 해도 산천의 신들이 버려두겠는가?

당시의 습관으로 얼룩소는 본래 제례에는 쓰지 않았으나 털이 곱고 붉으며 뿔이 반듯이 자란 소라면 누구도 버려두지 않고 제사의 공물로 쓰려할 것이라는 내용이다.

이 글은 공자가 부친의 비행으로 고민하고 있던 제자인 중궁(仲弓)을 격려한 말이다. 본인만 훌륭하면 반드시 좋은 자리에 발탁될 것이라는 뜻이다. 미천한 출신이라도 공부만 올바르게 잘 하면 세상에 쓰여짐을 비유로 충고하고 있다.

주

- 仲弓(중궁) : 공자의 제자. 염옹(冉雍).
- 犁牛(이우) : 얼룩소(제사 공물로 못 쓰는 소).
- 騂(성) : 털이 붉은 소. ● 舍(사) : 버리다.

4일

亡之 命矣夫 斯人也 而有斯疾也
斯人也 而有斯疾也

이럴 수가 없는데, 운명인가! 이렇게 훌륭한 사람에게 이런 몹쓸 병이 찾아오다니. 이렇게 훌륭한 사람이 이런 몹쓸 병에 걸리다니.

제자 백우가 불치의 병에 걸렸을 때, 문병을 갔던 공자가 창가에서 환자의 손을 잡고 아쉬워하며 남긴 말이다. 당시 중국에서는 환자의 집에 문병을 가면 북쪽 창문 아래 누워서 문병온 사람을 맞았다. 그러나 임금은 반대로 남쪽으로 얼굴을 향하게 하였다. 공자가 백우를 문병 가자, 임금의 예우로 남면하였으므로 공자는 안으로 들어가지 않고 남쪽 창문 가에서 손을 잡았던 것이다.

주

- 伯牛(백우) : 공자의 제자. 성은 염(冉). 이름은 경(耕). 자가 백우이며, 노나라 사람.
- 亡之(무지) : 無之(무지)와 같이, "아아! 이럴 수가 없다." (탄식의 말).

賢哉回也 一簞食 一瓢飮 在陋巷
人不堪其憂 回也不改其樂 賢哉回也

어질도다, 안회여! 한 그릇 밥을 먹고, 한 쪽박의 물을
마시며 누추한 거리에 산다면, 남들은 그 괴로움을 견뎌
낼 수가 없을 것이다. 안회는 그 즐거움을 잃지 않는구
나. 어질도다, 안회여!

　가장 촉망 받고 있는 애제자인 안회의 안빈낙도(安貧樂道)
하는 생활 태도를 칭찬한 말이다. 공자에게 있어서 이 애제자
의 요절은 대단히 비통스러운 일이었다.

주

• 陋巷(누항) : 누추한 거리의 골목.
• 一簞食(일단식) : 한 그릇의 밥(반찬도 없는).
• 一瓢飮(일표음) : 한 쪽박의 물.
• 일단식·일표음은 가난한 살림을 상징하는 말.

6일

力不足者 中道而廢 今女畫

힘이 부족하다는 사람은 중도에 포기하기 마련이다. 지금
너는 해보지도 않고 미리 선을 긋고 있다.

　제자 염구가 "선생님께서 가르치는 도를 기뻐하지 않는 것
은 아니나, 너무 어렵고 요원해서 제가 도달하기에는 힘이 부
족합니다(非不說 子之道 力不足也)."
　이렇게 한 말에 대해서 공자가 반박해서 타이른 답변이다.
처음부터 자기의 역부족을 탄식하지 말고 마음을 가다듬고 도
전해 보는 자세를 가지라고 경계한 말이다.

주

• 廢(폐) : 그만두다. 포기하다. 단념하다.
• 女畫(여획) : 너(女)는 선(한계)을 긋는다.

女爲君子儒 無爲小人儒

너는 군자다운 선비가 되어야지, 소인 같은 선비는 되지
말라.

공자가 자하에게 선비를 지망하는 사람의 마음가짐에 대하
여 타이른 말로, 소인 같은 선비가 되지 말라고 당부하고 있다.

군자란 자신을 수양하면서 배움과 행동이 일치하는 사람이
며, 소인은 자기의 이익과 명예를 앞세우는 사람을 말한다.

한편 전자를 대국을 보는 학자라 하고, 후자는 대국을 잊고
지엽말단만 생각하는 학자를 가리키는 말이라고 해석하는 학
자도 있다.

≫≈ 주 ≈≪

• 儒(유) : 지식인, 선비, 학자.
• 無(무) : 말라. 여기서는 금지의 뜻으로 쓰였음.

有澹臺滅明者 行不由徑
非公事未嘗至於偃之室也

담대멸명이란 자가 있습니다. 이 사람은 절대로 지름길로
는 다니지 않습니다. 또 공무가 아니면 절대로 자기 집에
온 일이 없습니다.

제자인 자유가 무성(武城) 지방의 장관으로 재임했을 때, 공
자가 좋은 인재를 얻었느냐고 물은데 대하여 자유가 대답한 말
이다. 공직에 있는 관리는 항상 천하의 대도를 걸어야 되고 사
잇길을 몰래 걸어 다녀서는 안 된다고 규정하고, 또 허락도 없
이 상사의 집을 방문하는 것은 좋지 못한 일이라고 가르치고
있다.

주

- 子遊(자유) : 공자의 제자, 이름은 언(偃).
- 徑(경) : 지름길. 샛길. 편법을 취한다는 뜻.
- 澹台滅明(담대멸명) : 공자의 제자. 성은 담대. 이름은 멸명.
  자는 자우(子羽). 노나라 사람.

策其馬曰 非敢後也 馬不進也

자기 말에 채찍질을 하면서 말하기를 "감히 뒤처지려 한
것은 아닌데 말이 달리지를 않았소."라고 하였다.

옛날에 노나라와 제나라가 전쟁을 했다(기원전 484년). 노나
라가 패했다. 이때 노나라의 대부 맹지반은 패군의 후퇴 작전
임무를 맡아 적의 추격을 막아가며 아군을 무사히 성공시켜서
성 안으로 귀환했다. 최후에 성문 안으로 입성하면서 그가 한
말이다.

전쟁에서 패주할 때 철군을 책임 맡은 임무를 전군이라고
한다. 그 임무가 대단히 중요한데 맹지반은 그 중책을 완수하
기 위해 죽음을 무릅쓰고 뒤처져 오면서도 조금도 자신의 공을
자랑하지 않는 자세가 이 글에서 엿보인다.

주

• 孟之反(맹지반) : 노나라의 대부, 성은 맹(孟). 이름은 측
(側). 자가. 지반. • 後(후) : 뒤지다. 뒤처지다.

質勝文則野 文勝質則史
文質彬彬然後君子

바탕이 겉차림보다 나으면 세련되지 못해 보이고, 반대로
겉차림이 바탕보다 나으면 형식적인 것이 된다. 바탕과
겉차림이 잘 어울려야 군자라고 할 수 있다.

이 글에서 질이라 함은 꾸미지 않은 자연 그대로의 바탕을
뜻하고 문은 꾸밈, 겉차림을 일컫는다. 그러므로 바탕과 꾸밈
이 조화를 이루어야 어느 쪽에도 치우치지 않는 바른 도의 길
을 걸을 수 있다는 것이다. 이렇게 바탕과 꾸밈이 적당히 섞여
서 일체가 될 때 군자의 모습이 이루어진다. 그러므로 공자가
말하는 질[바탕]과 문[꾸밈·겉차림]은 어느 쪽에도 치우치지
않는 것이 중용의 도(道)임을 나타내고 있다.

주

• 質(질) : 곧. • 文(문) : 실속없이 겉만 꾸밈.
• 野(야) : 촌스럽다. 세련되지 못하다.
• 史(사) : 화사하다. 꾸밈이 있어 아름답다.
• 彬彬(빈빈) : 잘 섞여져 어울리는 모양. 글의 수식과 내용이
    알맞게 갖추어져 있음을 뜻한다.

人之生也直 罔之生也 幸而免

사람의 삶은 정직한 것이니, 정직함 없이 사는 것은 요행
히 화나 면하고 있을 뿐이다.

성격이 곧고 바르다는 것은 곧 정직하다는 뜻이다. 그렇지
않고도 살아 있는 사람이 있다면, 그것은 요행으로 삶을 누리
고 있다는 뜻이다. 그러므로 정직하게 살아가는 것이 인간 본
연의 자세이다.
　요컨대, 이 장에서는 정직하고 소박한 인간만이 삶의 가치를
지니고 있음을 것을 가르친 말이다.

주

• 直(직) : 정직. 숨길 수도 피할 수도 없이 있는 그대로 드러나
　　는 것.
• 罔(망) : 無와 통하여 정직함이 없는 것.
• 幸而免(행이면) : 요행히 면하다. 요행히 화나 해를 면하고
　　있는 것.

知之者 不如好之者 好之者 不如樂之者

그것을 알고 있는 사람은, 그것을 좋아하는 사람만 못하고, 그것을 좋아하는 사람은, 그것을 즐기는 사람만 못하다.

이해하고 있다는 것은 애호하는 것만 못하고, 애호하는 것은 즐기는 것만 못하다는 뜻이다.

종래의 학자들은 학문을 두고 비유한 말이라고 하였다. 그러나 학문뿐만 아니라 모든 일이 그와 같다. 즉 골프(golf)를 예로 들어보면 단지, 골프의 룰이나 플레이 방법을 알고 있는 사람보다는 골프를 좋아하는 사람이 정도가 높다고 할 수 있다. 그러나 그냥 애호하는 사람보다도 골프를 통해서 신사 스포츠의 진미를 즐기는 사람이 진짜 골퍼라고 할 수 있다.

'知→好→樂'은 인륜의 도(道)의 3단계이다.

주

• 知之(지지) : 그것을 알다. 올바른 것을 알다.

中人以上 可以語上也
中人以下 不可以語上也

중급 이상의 사람에게는, 상급의 높은 것을 말해도 좋지만,
중급 이하의 사람에게는 상급의 높은 말을 할 수 없다.

가령, 초등학교에서 배우는 수학 실력밖에 없는 사람에게 덮
어놓고 미분·적분 같은 수학 이론을 설명해 보았자 어떻게
이해할 수가 있겠는가. 또 초급의 과학 지식도 없는 자에게 고
급 물리학이나 화학 방정식 등을 설명해 본들 어떻게 이해할
수가 있겠는가.

요컨대 대화를 한다든가 사람을 가르치려면 상대방의 재능
이나 지식 수준의 눈높이를 봐서 정도에 맞게 하지 않으면 효
과가 없다는 뜻을 강조한 말이다.

주

• 中人(중인) : 중급의 사람. 지혜나 능력이 중급인 사람.
• 上(상) : 상급의 것. 심오한 학문이나 고상한 이론.

問仁 曰 仁者先難而後獲 可謂仁矣

인에 대하여 물었다. 그러자 공자는 이렇게 말했다. 인한 사람은 어려운 일을 먼저 하고, 얻는 것을 뒤에 하면 가히 인하다 할 것이다.

번지(樊遲)라는 제자가 먼저 지(知)에 대하여 질문했다. 공자는 "백성이 지켜야 할 의로움에 힘쓰고 귀신을 공경하되 멀리 하면 지혜롭다고 할 수 있다."고 대답했다. 그 다음에 한 말이 위와 같다.

너무 이익만 좇지 말고 사람의 도리를 다한 후에 수확을 얻도록 노력하라는 충고의 말이다.

주

• 難(난) : 어려움. 곤란함. • 獲(획) : 얻다. 得과 통함.

知者樂水 仁者樂山 知者動
仁者靜 知者樂 仁者壽

지혜로운 사람은 물을 좋아하고, 어진 사람은 산을 좋아
한다. 지혜로운 사람은 동적이고 어진 사람은 정적이다.
지혜로운 사람은 즐겁게 살고, 어진 사람은 오래 산다.

지식인과 덕을 갖춘 사람을 비교해서 논한 말이다. 기본적으
로 공자는 이렇게 생각했다. 지식을 갖춘 사람은 머리 회전이
빨라서 환경과 경우에 따라서 처신한다. 그러나 덕을 갖춘 사
람은 이익이나 환경에 동요하는 일이 없기 때문에 장수할 수
있다는 것이다.

주

• 樂(요) : 좋아하다. • 樂(락) : 즐기며 살다.
• 樂水樂山(요수요산) : 물을 좋아하고 산을 좋아한다.

何爲其然也 君子可逝也
不可陷也 可欺也 不可罔也

어떻게 그렇게 할 수가 있겠는가. 군자는 가게 할 수는
있어도 빠지게 할 수는 없다. 속일 수는 있으나 사리에
맞지 않는 말로 속일 수는 없다.

재아(宰我)라는 제자가 "만일 우물 안에 사람이 빠져 있다고
한다면, 그 말을 따라 우물 안에 뛰어들 것입니까?"라고 질문
하자, 이에 대하여 공자가 대답한 말이다. 재아는 재기가 넘쳐
나지만 솔직하지 못했다고 한다. 공자는 평소 재아에게 인을
체득하라고 설득하였으나 이렇게 농담같은 기발한 질문을 시
도했던 것이다. 어떤 대답이 나올까 하고 상상해 보고 싶었던
문답이다.

주

• 罔(망) : 도리에 맞지 않는 일. 사리에 맞지 않는 일.
• 逝(서) : 가다. • 陷(함) : (함정 같은 곳에) 빠지다.
• 罔(망) : 사리를 분간 못하는 것.

> 君子博學於文 約之以禮
> 亦可以不畔矣夫

군자는 학문을 널리 배우고, 예로써 단속을 한다면 비로소 도에 어긋나지 않게 될 것이다.

　학문을 통하여 많은 지식과 올바른 사고력과 판단력을 기르고, 예로써 그의 언동을 잘 단속한다면 군자가 될 수 있다는 것이다. 박학(博學)은 좋지만 폭 넓고 얕은 지식으로 만족해서는 안 된다. 그것을 실행 체득함으로써 비로소 지식은 쓸모가 있게 된다는 내용이다.

주

· 文(문) : 글. 학문. 넓은 뜻의 학문.
· 約(약) : 단속하다. 몸가짐을 단속하다.
· 畔(반) : 배반되다. 어긋나다의 뜻.

中庸之爲德也 其至矣乎 民鮮久矣

**중용의 덕성은 지극한 것이다. 그러나 이를 행하는 백성
이 적어진지 오래이다.**

중용(中庸)이란 말은 알기 쉽게 말하면, 어느 쪽으로도 편중
되지 않는다는 뜻이다. 곧 중용의 도는 항상 변함이 없고, 또
어느 쪽으로 치우치거나 기울어짐이 없다. 그래서 공자는 이
중용의 덕을 행함에 있어서 가장 으뜸이며 착함의 극치라고 하
였다.

이 중용이란 말은 공자 이후 유가사상(儒家思想)을 대표하
는 개념이 되었다.

≫주≪

• 中庸(중용) : 중(中)은 지나친 것도 부족한 것도 없다는 뜻이
고, 용(庸)은 일정한 것을 뜻한다. 『사서(四書)』의 하나
인 『中庸』에 전문적으로 해석하고 있음.
• 威德(위덕) : 덕이 됨. 덕성. 덕으로서의 성격.
• 鮮(선) : 드물다. 적어지다.

夫仁者 己欲立而立人
己欲達而達人

대개 인덕을 갖춘 사람은 자기가 어떤 지위에 서고자 하면, 먼저 남을 그 자리에 서게 하고, 자기가 달성하고자 하면 남부터 달성하게 한다.

제자 자공이 "백성들에게 널리 은덕을 베풀고, 많은 사람을 구해 주는 것이 인이라고 할 수 있을까요?"하고 질문한데 대하여, 공자는 "그것은 인뿐이겠는가, 성(聖)이라고 할 수 있지. 요·순도 좀처럼 실천하지 못한 일이다."라고 말하고, 이어서 위와 같은 말을 했다.

다른 해석은 어진 자는 스스로 서기를 바래서 남을 세우고 스스로 통달하기를 바래서 남을 통달시킨다는 뜻도 있다.

주

• 立(립) : 서다. 입신하다   • 達(달) : 달성하다. 뜻을 이루다.

能近取譬 可謂仁之方也已

가까운 것을 취해 비유할 수 있다면, 그것이 바로 인의 올바른 방도라 말할 수 있다.

이 글은 앞장에 이어지는 내용으로 결론이라고 할 수 있다. 만약 자기 마음 속에 그런 바램이 있다면, 또는 자기가 그런 경우에 놓인다면 하고, 모두 자기 신변과 가까운 사정을 비교해서 거기에 합당하게 행동을 한다. 이런 정신은 일종의 동정심이 없으면 할 수가 없다. 이것이야말로 인에 통하는 바른 길임을 강조하고 있다.

주

• 近取譬(근취비) : 가까운 데서 취해 비유하다.
• 方(방) : 방도. 방법.

述而不作 信而好古 竊比於我老彭

말하고 전할 뿐이며 창작은 하지 않는다. 옛 것을 믿고 좋아하니 속으로 나를 노팽에게 비기어 본다.

이 글은 옛 성현의 말과 선왕의 도를 즐겨 따른다는 뜻이다. 그리고 노팽에게 비기어 본다는 것은 자신을 옛 성인들에게 비기어 보면서 부족한 점을 없애도록 노력하라는 격려의 말임을 알 수 있다.

주

• 竊(절) : 몰래. 속으로. • 述(술) : 옛 것을 서술한다는 뜻.
• 作(작) : 창작하다. 새로 만들다.
• 老彭(노팽) : 은나의 현대부(賢大夫)로 알려지고 있다. 노는 노자를 가리키고, 팽은 팽조(彭組 : 요나라 때 수백세를 살았다고 전하는 현인)를 가리키는 설도 있다.

22일

> 默而識之 學而不厭 誨人不倦
> 何有於我哉

묵묵히 새겨두고 배움에 싫증 내지 않으며, 사람을 가르
치면서 지칠 줄 모른다. 이것 외는 나에게 무슨 문제가
있겠느냐.

묵묵히 인식하고 학문을 연마하고, 남을 가르치는 것이 내가
할 수 있는 일이다. 그밖에 무슨 할 일이 있겠는가. 학문과 교
육에만 종사하는 공자의 포부를 밝힌 말이다.

주

• 默識(묵식) : 말은 하지 않으나 기억하고 있다. 알고 있는 지
 식을 함부로 입밖에 내지 않는 것↔빈 수레가 요란하다.
• 厭(염) : 싫증 나다. • 誨(회) : 가르치다.
• 倦(권) : 지치다. 권태를 느끼다.

德之不修 學之不講 聞義不能徙
不善不能改 是吾憂也

인덕을 닦지 못하는 것과, 배움을 익히지 못하는 것과,
의로움을 듣고서도 실행하지 못하는 것과, 나쁜 것을 알
고도 고치지 못함을 내가 걱정하는 일이다.

공자가 항상 반성의 기준으로 정한 네 가지 요점(仁 · 義 ·
禮 · 智)을 설명한 말이다.
모든 덕목을 몸에 갖추고 학문에 전념하는 공자와 같은 성
인도 이런 반성을 일상적으로 하고 있었음을 엿볼 수 있다. 범
인인 우리들도 각자 자기 나름대로 기준을 세워서 끊임없이 반
성하는 것이 중요하다.

~주~

• 講(강) : 익히다. 강습하다.   • 徙(사) : 옮기다. 나아가다.

子之燕居 申申如也 夭夭如也

공자가 집에서 한가하게 있을 때는, 긴장을 푼듯 하고 모습이 평화로웠다.

이 글은 제자들이 평소 공자의 모습을 말한 것이다.

공자가 그토록 태연하고 여유 있는 모습은 어디에 있었는가? 그것은 그의 내면에서 우러나오는 고매한 성품과 지극히 범인으로 살아가려고 노력한 정신력에 있었다고 할 수 있다.

주

• 燕居(연거) : 집에서 한가롭게 지낸다는 뜻.
• 申申(신신) : 펴다. 마음이 잔잔하고 여유 있는 모양.
• 夭夭(요요) : 화평한 모양.

甚矣 吾衰也 久矣 吾不復夢見周公

심하도다. 나의 노쇠함이여, 오래도다. 내가 다시 주공의
꿈을 꾸지 못한 것이.

공자는 만년에 체력과 기력이 모두 쇠퇴해 버리고 자기가
평생 공경하던 주공이 꿈에 보이지 않게 된 지도 퍽 오래 되었
다며 한탄한 말이다.

주공(周公)의 이름은 단(旦), 문왕(文王)의 아들이며 무왕(武
王)의 아우이다. 내정과 외교에 수완을 떨쳤고, 주나라 왕조의
기초를 다진 대정치가였다. 그 공으로 노(魯)의 봉을 받아서 노
나라의 시조가 되었다. 노나라 출신인 공자는 주공을 이상적인
인물로 우러러보고, 때때로 꿈에도 보이곤 했는데 만년에는 꿈
에서조차 보이지 않는다며, 이렇게 한탄을 토로한 말이다.

自行束脩以上 吾未嘗無誨焉

말린 고기 한 묶음 이상의 예물을 가지고 온 사람이면 나
는 아직까지 가르치지 않은 적이 없다.

　이 글에서는 공자가 문하생을 받아들이고, 또는 가르칠 때
상대의 인물 여하에 따라 차별을 두지 않고 공평하게 가르쳐
주었음을 강조한 내용이다. 즉 학문을 배우고자 하는 사람이라
면 신변에 관계없이 제자로 받아들이겠다는 말로 최소한의 예
절만 갖추는 사람이면 누구에게나 가르치겠다는 뜻이다.

주

* 束脩(속수) : 말린 고기 열 마리를 다발로 묶은 것. 옛날에는
　　　서로 처음 만나 볼 때는 반드시 폐백을 갖는 것으로 예를
　　　삼았다. 속수는 지극히 적은 양을 말한다.
* 誨(회) : 깨우치다. 가르치다

27일

不憤不啓 不悱不發 擧一隅
不以三隅反 則不復也

알려고 애쓰지 않으면 깨닫게 하지 않고, 답답해 하지 않
으면 일깨워 주지 않으며, 한 모퉁이를 들어 가르쳐 주어
나머지 세 모퉁이에 대해서도 이해한다는 반응을 보이지
않으면 거듭 가르치지 않는다.

공자는 교육에 있어서 항상 상대의 적극적인 면학 자세를
중요시하고 있었으므로 의욕이 없는 자에게는 무엇을 가르쳐
도 아무 효과가 없다고 생각했다. 여기서는 그의 교육 자세를
잘 나타내고 있다.

주

• 憤(분) : 분발하다. 알려고 애쓰다.
• 啓(계) : 가르치다. 알려주어 깨닫게 하다.
• 悱(비) : 뜻은 알고 있으나 말을 못하는 것.
• 發(발) : 열어주다. 일깨워 줌.
• 擧一隅(거일우) : 네모꼴의 한 모퉁이를 들어 가르쳐 주는 것.

暴虎馮河 死而無悔者 吾不與也
必也臨事而懼 好謀而成者也

맨 주먹으로 호랑이를 잡으려 하며, 걸어서 강을 건너다가 죽어도 뉘우침이 없는 사람이라면, 나는 함께 하지 않겠다. 반드시 어려운 일에 임하여 두려워하며 치밀한 책략을 세워서 성취시킬 수 있는 사람이라야 함께 하겠다.

공자가 안회에게 "등용이 되면 적극적으로 나아가 행동하고 버려지면 물러나서 들어앉는다고 한 말은 자네와 나 정도가 아닐까?"라고 말하자, 자로가 듣고 있다가 "대군을 통솔하신다면 누구와 같이 하겠습니까?"고 질문했다. 그에 대한 공자의 답이다. 이 글은 자로의 용맹을 억제하라고 가르친 충고의 말이다.

주

• 暴(포) : 맨손으로 잡다. • 馮(빙) : 걸어서 물을 건너다(徒涉).
• 好謀(호모) : 꾀를 잘 쓰다. 계획을 잘 세우다.

29일

富而可求也 雖執鞭之士 吾亦爲之
如不可求 從吾所好

'부'가 추구할 가치가 있는 것이라면, 비록 채찍을 잡는
일이라 할지라도, 나는 그 일을 할 것이다. 그러나 그만
한 가치가 없다면, 나는 내가 좋아하는 길을 가고 싶다.

부자는 생활을 편리하고 충실하게 하는 데는 빠질 수 없는
요건이다. 그러나 인생의 최고 목표는 아니다. 그러므로 한 인
간이 생애를 걸고 추구할 정도의 가치는 아니다. 공자의 이 인
생관은 현대에 있어서도 통용되는 진리이다.

다른 해석으로는 부유하고도 구할 수만 있다면, 비록 말 채
찍 잡는 선비라도 나 또한 행할 것이다. 만약 그렇지 아니하면
내가 좋아하는 바를 따르겠다.

주

• 執鞭之士(집편지사) : 채찍을 잡는 사람. 옛날 수레 앞에서
    사람을 물리치는 사람.

30일

> 飯疏食 飲水 曲肱而枕之
> 樂亦在其中矣 不義而富且貴
> 於我如浮雲

거친 밥을 먹고 물을 마시고, 팔을 굽혀 베고 자더라도
즐거움은 또한 그 가운데 있다. 의롭지 않으면서도 부귀
해지는 것은 나에게 있어서는 하늘의 뜬구름과 같다.

가난하게 살아가더라도 마음을 편안히 하고 제 분수를 지켜
나감을 말하고 있다. 비록 빈곤이 극한에 있더라도 즐거움이
또한 있으니 불의의 부귀를 보는 것이 뜬구름과 같아 마음에
동함이 없다.

주

• 飯疎食(반소사) : 거친 음식을 먹다.
• 曲肱而枕(곡굉이침) : 팔을 굽혀 베다. 팔베개.

五月

民可使由之　不可使知之

1일

女奚不曰 其爲人也 發憤忘食
樂以忘憂 不知老之將至云爾

너는 어찌 말하지 않았는가? 그 사람됨이 학문에 열중하
면 밥먹는 것도 잊어버리고, 즐거움으로 근심도 잊으며
늙음이 닥쳐 오고 있다는 것조차도 알지 못하는 이라고.

섭공이 자로를 향하여, "공자라는 사람은 어떤 인물인가?"하
고 묻는 말에 자로는 대답을 못했었다. 그 말을 듣고 공자가
자로에게 한 말이 위와 같았다. 이는 배우는 것을 좋아하는 도
타움을 뜻한 말이다.

주

• 섭공(葉公) : 초나라 섭현(葉縣)의 지방 장관. 성은 심(沈). 이
  름은 제량(諸梁) 자(字)는 자고(子高).
• 奚(해) : 어째서. • 發憤(발분) : 공부하는데 분발하는 것.
• 云爾(운이) : 말끝에 붙는 어조사.

2일

我非生而知之者 好古
敏以求之者也

**나는 나면서부터 안 사람이 아니라, 옛 것을 좋아하여 힘
써 이를 추구하는 사람이다.**

당시의 사람들은 "공자는 나면서부터 성인임에 틀림없다."
는 세평이 있었는데, 이에 대해서 공자는 이와 같이 대답했다.
아마 그의 솔직한 술회일 것이다.

아무리 어려운 학문이라도, 어떤 도라도 꾸준히 몇 십년이고
노력하면 반드시 거기에 상응하는 효과가 나온다. 태어나면서
부터의 천재는 절대로 있지 않다는 것을 공자는 강조하고 있다.

주

• 敏(민) : 힘 쓰다. 애써 일하다.　• 求之(구지) : 옛 것을 추구
하다.

三人行 必有我師焉 擇其善者而從之
其不善者而改之

세 사람이 행하게 되면 반드시 나의 스승이 있다. 그 중
에 착한 사람을 가려서 따르고, 그 착하지 않은 사람은
고칠 것이다.

'삼인행'은 세 사람이 함께 어떤 일을 도모한다는 뜻이다.
공자는 어떤 특정한 스승 밑에서 배운 것이 아니다. 아마 이
런 식으로 많은 사람과 대면하면서 그 가운데 현명한 사람의
좋은 점을 취해서 꾸준히 공부를 쌓아나갔을 것이다.

공자는 또 이렇게 말하고 있다. 현명한 사람을 보면 자기의
목표를 삼고, 불선한 사람을 보면 자기 반성의 자료로 삼는다.

주

• 娥師(아사) : 내 스승. • 改之(개지) : 자신의 잘못을 고치다.

二三者以我爲隱乎 吾無隱乎爾
吾無行而不與二三子者 是丘也

자네들은 내가 무엇인가 숨기고 있다고 생각하는가? 나는
자네들에게 숨김이 없다. 행함에 있어 자네들과 함께 하
지 않는 일은 없다. 그것이 바로 나다.

이 글은 제자들이 스승인 공자가 태어날 때부터 특별한 이
치를 갖고 있는 것은 아닌가라고 생각하고 있는데 대하여 대답
한 말이다. 공자는 자신의 일상 생활을 통한 행동을 샅샅이 표
출하는 것이 제자들에게 대한 최선의 교육 방법이라고 인식하
고 있었다.

주

• 二三子(이삼자) : 너희들. 자네들. 제자들을 가리킴.
• 隱(은) : 숨기다. • 爾(이) : 너희들. • 丘(구) : 공자의 이름

5일

子釣而不網 弋不射宿

**선생님께서 낚시질을 하셨으나 그물은 사용하지 않았다.
주살을 쓰시되 잠자는 새는 쏘지 않았다.**

공자는 젊어서 집이 가난하여 봉양과 제사를 위하여 부득이 낚시와 주살로 사냥한 일은 있었지만, 그 때도 특별히 마음을 쓰고 있었다. 잔인한 수렵을 피하고 어디까지나 정당한 사냥 방법을 취했다. 이런 점이 성인의 소치라고 할 수 있다.

주

- 不網(불망) : 그물은 안 쓰다. • 釣(조) : 낚시질하다.
- 弋(익) : 주살. 줄을 화살에 매여서 쏜다. • 宿(숙) : 자는 새.

6일

蓋有不知而作之者 我無是也

대체로 알지도 못하면서 창작을 하는 사람이 있으나, 나
는 그런 일은 하지 않는다.

이 글은 함부로 창작은 하지 않는다는 공자의 신조를 말하
고 있다. 즉, 지식에 의하지 않고 독창적인 견해를 내놓는 자도
있지만, 이것은 나의 방법과는 다르다. 나는 여러 가지 의견을
들은 뒤에 비교 검토하여 납득이 가는 부분을 채택한다. 또 항
상 견문을 넓히고 지식을 축적하도록 노력한다.

이어서 공자는 이렇게 말하고 있다. 많은 것을 듣고 좋은 것
을 골라서 이에 따르고, 많은 것을 보고 이를 기억해 두는 사
람은 아는 것에 버금가는 사람이다. 역시 공자는 실증주의의
인물이었다는 면을 엿볼 수 있다.

주

• 蓋(개) : 대개. 추측하다. 대체로.

吾聞君子不黨 君子亦黨乎

나는 군자란 편당하지 않는다고 듣고 있습니다. 군자도
또한 편당하시는가요?

진나라 사법관이 공자에게 물었다. "노나라의 소공(昭公)은
예절을 알고 있습니까?" 그러자 공자는 그렇다고 대답했다. 이
사법관은 공자가 물러간 후에 공자의 제자 무마기(巫馬期)에
게 소공의 비행을 거론하면서 공자의 편파적 발언을 비판했다.
뒤에 이 말을 들은 공자는 솔직하게 자기의 잘못을 인정했다고
한다. 당시 소공은 오나라에서 자기와 성과 본이 같은 희(姬)씨
를 부인으로 취해서 비례(非禮)를 저질렀기 때문에 이런 말썽
이 생겼다고 한다.

주

• 黨乎(당호) : 편파적인 것. 편당적인 것.

奢則不孫 儉則固 與其不孫也 寧固

사치스러우면 불손해지고 검약하면 고루해지는데, 불손하
기보다는 차라리 고루한 것이 낫다.

공자는 불손한 것보다는 차라리 고루한 편이 낫다고 말하고
있다. 오만스럽고 불손하게 자기 자신이 제일 잘 한다고 우쭐
대고 자만하면 주위 사람들로부터 반발을 살 뿐만 아니라, 그
사람의 성장 발전에도 방해를 받게 된다. 당시의 세상에 대한
비평이라고 생각된다.

주

• 不孫(불손) : 不遜과 같이 통하며, 우쭐대고 거만스러운 것.
• 儉(검) : 검약함. 여기서는 지나치게 절약함을 뜻함.
• 固(고) : 고루함. 융통성이 없는 것.
• 與其(여기) : …하기보다는 ~ 한 것이 낫다.

9일

君子坦蕩蕩 小人長戚戚

군자는 마음이 평안하고 넓으며, 소인의 마음은 늘 근심
하고 걱정한다.

이 글은 군자와 범인의 마음가짐에 대한 차이점을 설명한
대목이다. 군자는 어째서 마음이 평안하고 넓을까? 부정이 없
기 때문에 당당하고 타산적이거나 이익을 탐하지 않기 때문에
항상 마음이 너그럽고 여유가 있다. 그렇다면 소인은 어째서
근심과 걱정으로 안절부절할까? 이해 타산에 침착하지 못하고
모든 탐욕이 마음에 쌓여 고민하고 잔꾀를 부리기 때문이다.

주

• 蕩蕩(탕탕) : 마음이 너그럽고 넓은 모양. 호탕함.
• 戚戚(척척) : 근심과 걱정이 많은 모양.

10일

子溫而厲 威而不猛 恭而安

공자는 온화하시나 엄하시고, 위엄이 있으나 사납지 않으시고, 공손하면서도 편안하셨다.

이 글은 제자들이 공자의 태도나 풍모를 묘사한 대목이다. 이것을 보면 공자의 인간성은 대단히 균형이 잡혀 있어서 성격이 한쪽에 편중하지 않고 잘 조화를 이루고 있었음을 짐작할 수가 있다.

주

- 厲(려) : 엄하다. - 猛(맹) : 사납다.
- 恭而安(공이안) : 공손하고 편안함.

11일

君子篤於親 則民興於仁
故舊不遺 則民不偸

군자가 일가 친척들에게 후덕하게 대해 주면, 백성들 사이에는 인덕의 기풍이 일어나고, 또 옛 친구를 버리지 않으면 백성들은 박정해지지 않는다.

이에 앞선 글에서 공자는 "공손하고 친절한 것은 좋으나 예절에 맞지 않으면 피곤할 따름이다."라고 하여, 신중 · 용기 · 정직한 성품에도 예절을 수반함이 바람직하다고 설득한다.

❧ 주 ❧

• 篤於親(독어친) : 친척을 극진히 대하다. 후덕하게 대하다.
• 興於仁(홍어인) : 인이 일어나다. 인의 기풍이 있다.
• 故舊(고구) : 옛 친구. 옛 신하.
• 偸(투) : 박하다. 각박하다.

鳥之將死 其鳴也哀
人之將死 其言也善

죽음에 임박한 새가 죽어갈 때에는 그 울음소리가 슬프고, 사람이 죽어가려고 할 때에는 그 말이 착하다.

위독한 상황에 있던 증자가 문병하러 온 맹경자에게 남긴 말이다. 그러므로 내가 하는 말을 잘 들어 주기 바란다고 부탁하면서, 증자는 군자가 지켜야 할 예절의 기본은 난폭성을 피하고, 신의를 유지하고, 말을 사리에 어긋남이 없게 해야 한다고 세 가지를 말했다.

죽음에 임박해 있는 사람의 말은 마음 속에서 우러나와 하는 말이기 때문에 거짓이나 허튼 뜻은 있을 수 없다.

주

• 孟敬子(맹경자) : 노나라 대부. 중손첩(仲孫捷). 훗날 맹손씨(孟孫氏)로 성을 바꾸었다. 시호가 경(敬)이어서 맹경자라 불렸다.

昔者 吾友嘗從事於斯矣

나의 친구가 일찍이 이런 일을 좇아 행한 바 있다.

　증자가 한 말로 추모하는 친구라 함은 안회라는 설이 있다. 증자는 이에 앞서 이렇게 말하고 있다. 유능한 사람이면서도 무능한 사람에게 묻고, 부한 사람이면서 가난한 듯하고, 해를 당하고서도 분쟁하지 않는다, 이런 사람이야말로 진실로 인자라고 할 수 있다. 이런 사람이 되기 위해서는 꾸준히 노력해야 된다는 교훈이다.

주

* 吾友(오우) : 나의 친구.
* 從事(종사) : 어떤 일을 하다. 몸소 실천하다.

> 曾子曰 可以託六尺之孤
> 可以寄百里之命 臨大節而不可奪也
> 君子人與 君子人也

어린 왕을 부탁할 수 있고, 백 리 사방의 나라 정사를 맡길 수 있고, 나라의 큰 위기를 당하여 그 뜻을 빼앗을 수 없다면, 그런 사람이야말로 군자다운 사람이겠지. 군자다운 사람일거라고 증자는 말하였다.

이 장은 증자가 생각하고 있던 이상적인 인물인 군자를 설명한 말이다. 공자가 강조하는 군자는 덕과 인이 갖추어진 사람을 말하고, 증자가 말한 군자는 정치를 내세워 말하고 있다. 다시 말하면 공자는 인간성 자체를 논한데 반하여 증자는 어떤 일에 임하였을 때의 태도를 말하고 있다.

≫ 주 ≪

• 六尺之孤(육척지고) : 어린 고아라는 뜻. 이 장에서는 아버지를 여읜 어린 왕을 가리킴. • 寄(기) : 맡기다. 부탁하다.
• 百里之命(백리지명) : 백 리 지역에 명령을 내린다는 말로 제후의 나라를 뜻함. • 大節(대절) : 큰 절개. 절개를 지켜야 하는 중대한 일.

> 曾子曰 士不可以不弘毅
> 任重而道遠 仁以爲己任 不亦重乎
> 死而後已 不亦遠乎

선비란 마음이 넓고 뜻이 굳세어야만 한다. 그 소임은 중대하고 길은 멀기 때문이다. 선비는 인으로써 자기의 책임을 삼으니 무거운 것이 아닌가. 죽은 뒤에야 그만두는 것이니 또한 멀지 아니 한가? 증자가 말했다.

선비(士)란 현대 말로 풀이하면 지도자, 또는 리더에 적합한 인물이다. 오늘날 나라의 지도자라고 자부하는 정치인이나 정책 담당자들이 과연 이러한 책임감을 느끼고 있는 지 돌이켜 볼 일이다.

주

- 不可以不(불가이불) : 하지 않으면 안 된다.
- 已(이) : 그치다. 그만두다.
- 弘毅(홍의) : 마음이 넓고 뜻이 굳셈. 뜻이 원대하고 강인함.
- 死而後已(사이후이) : 공부는 죽은 뒤에야 그만두는 것.

16일

民可使由之 不可使知之

**백성을 따르게는 할 수 있으나, 그 이유까지 알게 할 수
는 없다.**

백성을 다스리는데 있어서 법령에 의하여 정부의 방침에 따
르게 할 수는 있다. 그러나 왜 복종하지 않으면 안 된다고 그
이유까지 알려줄 수 없다. 또 그럴 필요도 없다고 하는 설득이
다. 그러므로 위정자는 정당한 이치를 내세워서 백성들을 다스
리지 않으면 안됨을 강조하고 있다.

여론의 비판이 날카로운 현대 국가에서는 일종의 우민정책
이라는 비난을 면할 수 없을 것이다. 그러나 서구식 민주주의
경험이 없었던 2000년 전의 당시 중국에서는 이것을 합리적이
라고 생각하고 백성들에게 강요한 것도 무리가 아니라고 생각
된다.

주

• 使由(사유) : 따르게 하다. 좇다. 따라 오다.

17일

如有周公之才之美 使驕且吝
其餘不足觀也已

만약 주공과 같은 아름다운 재질을 가지고도 교만하고 인
색하다면 그 나머지는 더 볼 것이 없다.

　공자의 이상적 대상이었던 주공과 같은 빼어난 인물도 만약
그에게 겸허한 마음이 없었다면, 모든 공적은 무효화되었음을
지적하고 있다. 그러나 『사서(史書)』에 의하면 주공은 대단히
겸허하고 절대로 자만하지 않았음을 적고 있다.

주

• **驕且吝**(교차린) : 교만하고 인색한 것.
• **不足觀**(부족관) : 더 볼 것이 없다.

三年學 不至於穀 不易得也

3년이나 배우고도 벼슬에 뜻을 두지 아니하는 사람은 쉽 게 얻을 수가 없다.

공자 시대의 학업은 보통 3년을 1기로 수료했던 듯하다. 대 개의 사람들은 좋은 벼슬자리에 오르기 위해서 학문의 길에 들 어선다. 그러므로 3년이나 학문을 연수하고도 벼슬길을 찾지 않는 사람이라면 대단히 큰 인물이거나 아니면, 참으로 학문을 좋아하는 학자였을 것이라는 뜻이다. 그러나 한편으로는 학문 의 근본을 도에 둔 공자는 진실로 인간의 내면을 위해서 학문 을 하려는 사람이 적음을 한탄하고 있다.

주

• 不易得(불이득) : 얻기 쉽지 않다.
• 穀(곡) : 봉록이나 봉급을 뜻하며, 취직 자리를 가리킨다.

篤信好學 守死善道 危邦不入
亂邦不居 天下有道則見
無道則隱 邦有道 貧且賤焉
恥也 邦無道 富且貴焉 恥也

굳게 믿고 배우기를 좋아하며, 죽음으로 선한 도를 지켜
야 한다. 정치적으로 위태로운 나라에는 들어가지 말고,
어지러운 나라에서는 살지 않으며, 천하가 올바르게 행해
지면 나타나서 일하고, 올바른 도가 없으면 곧 숨는 것이
다. 도가 확립되어 있는 세상에서 가난하고 비천하다면
부끄러워해야 할 일이다. 도가 없는 세상에서 부귀를 누
린다면 역시 부끄러워해야 할 일이다.

이 글은 어딘지 모르게 비장한 분위기를 느끼게 한다. 공자
의 유언이나 아니면, 오랜 기간 동안 헤어져 있게 될 제자에게
주는 작별의 말인지도 모른다.

주

• 篤信(독신) : 독실한 믿음을 지님. • 見(현) : 나타나다.

不在其位 不謀其政

그 지위에 있지 않으면 그 정사를 꾀하지 않는다.

기업이나 사회에도 일정한 법규와 질서가 있다. 그러므로 자기의 책무 이외의 일에 대해서는 간섭을 해서 질서를 문란하게 해서는 안 된다. 예를 들면 총무과장의 지위에 있다면 거기에 관계된 업무를 통괄하고 있으면 된다. 소관 밖의 영업 정책이나 재무 정책 또는 인사 행정에까지 관여했다고 하면, 다른 직원들이 일하기가 어렵게 된다. 기업의 질서도 문란해진다. 그런 행동을 하지 않는 것이 기업인으로서의 상식이다.

주

• 謀(모) : 꾀하다. 논의하다. • 政(정) : 정무, 정사.

狂而不直 侗而不愿 悾悾而不信
吾不知之矣

과격하면서 정직하지 않고, 무지하면서도 성실하지 않으
며, 무능하면서 신의가 없다면, 나는 그런 사람은 알고
싶지도 않다.

곧 사람의 성품이 과격하면 정직하기라도 해야 하며, 무지하
면 성실하기라도 해야 하고, 무능하면 신의라도 있어야 하는
데, 이런 조건들이 채워지지 못한 사람에게는 나도 어떻게 할
도리가 없다는 뜻이다.

주

• 狂(광) : 과격하다.   • 侗(통) : 어수룩하고 바보스럽다.
• 愿(원) : 성실하다. 질박하다.   • 悾悾(공공) : 무능한 모양.

22일

學如不及 猶恐失之

배울 적에는 미치지 못하는 듯이 하고, 마땅히 그것을 잊어버리지 않을까 두려워해야 한다.

예컨대, 저 멀리 앞서 가는 사람을 따라잡듯이 끊임없이 노력하지 않으면 배움을 따라갈 수 없다. 조금만 한눈을 팔면 앞에 가는 사람의 그림자를 놓쳐버리고 만다. 여기에 학문의 깊은 맛이 있다. 그러므로 불충분한 각오나 단순한 타산만으로는 학문의 추구가 어렵다는 점을 강조한 말이다.

주

• 不及(불급) : 미치지 못하다. 능력이 미치지 못하는 듯이 남보다 몇 배 노력한다는 뜻.
• 猶(유) : 마땅히… 해야 한다.

23일

子罕言利與命與仁

공자는 이익과 천명과 인에 대해서 말씀하시는 일이 드물었다.

이익을 추구하게 되면 의를 해친다. 천명이란 은밀해서 인간이 마음대로 할 수 없으며, 인은 그 뜻이 너무나 넓고 커서 드물게 말씀하신 것이라는 뜻이다.

또 다른 해석은 "공자께서는 이익은 드물게 말씀하셨으나, 천명에는 찬동하셨고, 인에도 찬동하셨다"라고 풀이했다.

주

• 罕(한) : 드물게 말하다. • 命(명) : 운명, 천명.

子絶四 毋意 毋必 毋固 毋我

공자는 네 가지를 끊었다. 즉 사사로운 뜻이 없었고, 기
필코 하려고 하는 일이 없었고, 고집함이 없었고, 자기
개인만을 생각함이 없었다.

이 글은 제자들이 공자를 평한 대목이다. 이 네 가지는 서로
시작과 끝이 된다. 뜻에서 일어나 기필코 함에서 끝나고, 집착
함에 멈춤은 지나친 자아에서 이루어진다. 공자는 어느 한쪽에
도 치우치지 않는 원만한 성격이었으므로 매사에 주관적이나
선입관에 구애되지 않았다. 제자들은 이 점을 칭찬한 것이다.
또한 제자들은 도를 수행해 나가는 근본 지침으로서 이 네
가지를 특별히 꼽은 것이라 하겠다.

주

• 意(의) : 사사로운 뜻. • 固(고) : 잡아 맺음. 한쪽에만 고집함.
• 毋(무) : 없다. 無와 같다. • 我(아) : 사사로운 몸. 개인만을
　　생각한다.

天之未喪斯文也 匡人其如予何

하늘이 이 문화를 없애려 하지 않는데, 광 지방의 사람들
이 나를 어찌할 수 있겠는가?

공자가 위나라에서 진나라로 가던 도중 광(匡)이라는 지방에
서 그 곳 불량배들에게 둘러싸여 폭행을 당할뻔 했다. 이 지방
의 양호(陽虎)라는 자에게서 위협을 당하게 되자, 공자는 이
자를 향하여 가슴을 펴고 당당하게 위와 같이 말해서 그 도배
들을 물러나게 한 사건을 말한다. 위기에 닥쳐서도 두려워하거
나 당황하지 않고 긍지를 지킨 공자의 태도를 엿볼 수 있다.

주

• 喪(상) : 없애다. 멸하다.
• 斯文(사문) : 성인의 길이나 유학(儒學)의 가르침을 뜻함.
• 文(문) : 예악(禮樂)제도. 문화.

君子多乎哉 不多也

군자는 재능이 많아야 되는가? 많지 않아도 된다.

어떤 나라의 장관이 자공에게 당신의 스승은 성인임에 틀림이 없다. 아주 다재다능한 것 같다고 하자, 자공도 그렇다. 우리 선생님은 다재다능한 분이라고 대답했다. 그러나 공자는 자기는 젊어서부터 고생을 많이 하며 살았기 때문에 여러 가지 일을 하며 경험을 얻어서 다능하다고 말하고, 이어서 위와 같은 대답을 했다.

군자는 한 길로 도를 추구해야 하기 때문에 이 일 저 일을 할 수가 없다. 따라서 다재다능할 필요가 없다고 공자는 말하고 있다.

※ 주 ※

• 多(다) : 많다. 여기서는 재능이 많음을 뜻한다.

27일

顔淵喟然歎曰 仰之彌高
鑽之彌堅 瞻之在前 忽焉在後

안연이 탄식을 하며 말하기를, 우러러 보면 볼수록 높고
뚫으면 뚫을수록 굳다. 바라보면 앞에 계시다가도 어느새
뒤에 계신다.

이 대목은 최고의 제자라고 할 수 있는 안연[안회]이 공자의
인품을 찬탄한 말이다. 안연은 이어서 다음과 같이 찬미했다.
선생님의 가르침은 학문에 의한 확충과 예의 실천에 의한
집약으로 이루어져 있다. 대단히 합리적이고 자연스럽다. 나는
지쳐서 체념해 버리려고 하나 이상하게도 체념할 수가 없다.
오직 나는 힘을 다해서 따르려고 노력할 뿐이다.

주

• 喟(위) : 한숨을 쉬다. 탄식하다. • 彌(미) : 더욱.
• 鑽(찬) : 쪼다. 뚫다. • 瞻(첨) : 바라보다.
• 忽焉(홀언) : 어느새.

博我以文 約我以禮 欲罷不能 旣竭吾才

학문으로써 나를 넓혀 주시고, 예로써 나를 다잡아 주셨다. 중도에서 그만두려 했으나 그만둘 수가 없었다. 이미 나의 재주가 다하였다.

앞장에 이어서 안연은 공자의 교육 지도 방법을 찬미하고 있다. 이렇게 해서 자기는 정력을 다 쏟아버렸지만, 어느새 선생님은 저 먼 곳에 우뚝 서 있었다고 감탄하였다. 이는 높고 먼 학문의 길을 지루함 없이 잘 이끌어 주는 공자의 재치 있는 지도 방법을 나타낸 말이라 하겠다.

주

• 約(약) : 다잡다. 묶어서 마무리짓다.　• 竭(갈) : 다하다.
• 欲罷(욕파) : 중도에서 그만두려 해도.
• 竭吾才(갈오재) : 내 재주를 다해서 공부하다.

無臣而爲有臣 吾誰欺 欺天乎

가신도 없는데 가신이 있는 듯이 하였으니, 내가 누구를
속이리요. 하늘을 속이겠는가?

공자가 중병에 걸렸을 때 자로는 제자들을 가신처럼 일하도
록 해서 병간호를 했다. 조금 차도가 있자, 공자는 이 소식을
듣고 자로에게 삼가도록 타이른 말이다. 이어서 그는 "나는 가
신들에게 둘러싸여 죽느니 보다 너희들 제자가 돌보는 앞에서
죽고 싶다. 성대한 장례식은 못하겠지만, 설마 길가에서 죽는
신세야 안 되겠지."라고 술회했다.

주

• 臣(신) : 여기서는 집안 일을 돌보는 가신을 말함.

30일

有美玉於斯 韞匵而藏諸
求善賈而沽諸

**여기에 아름다운 구슬이 있다면 궤 속에 넣어 감추어 두
겠습니까? 아니면, 좋은 상인을 찾아 팔겠습니까?**

제자 자공이 이렇게 묻자, 공자는 다음과 같이 대답했다.
"이것을 팔아야지. 나는 살 사람을 기다리고 있거든. 물론 팔
아야지. 나는 매수자를 기다리고 있다."고 하는 내용이다. 이는
공자에게 벼슬자리에 나갈 생각이 있는지 여부를 질문한 비유
이다. 능력과 인덕을 발휘할 수 있는 자리가 나오면 나갈 수도
있다는 생각을 토로한 말이다. 어진 임금이 불러주기를 고대하
고 있음을 짐작할 수 있는 대목이다.

주

• 韞(온) : 감추다. • 匵(독) : 궤. • 賈(고) : 상인.
• 諸(제) : 之乎를 줄인 것. 之는 美玉을 가리킴.
• 沽(고) : 팔다(賣).

論語 365 日
161

君子居之 何陋之有

군자가 거기에 살면 어찌 누추함이 있겠는가?

어느 때, 공자는 난세를 비관해서 오랑캐 나라에라도 이주해 볼까? 하고 말한 적이 있다. 그러자 어떤 사람이 '오랑캐 땅은 더러워서 살 수가 없습니다'라고 했다. 여기에 대한 공자의 대답이다.

어떤 땅이 더러운가, 아닌가 평하는 것은 그 곳에 사는 사람에 따라 결정된다. 아무리 좋은 땅이라도 사는 사람의 마음이 나쁘면 누추하게 된다. 땅보다도 사는 사람의 마음이 문제라는 뜻이다.

六月

知者不惑　仁者不憂　勇者不懼

出則事公卿 入則事父兄
喪事不敢不勉 不爲酒困 何有於我哉

밖에 나가서는 공경을 섬기고, 집에 들어와서는 부모와
형을 섬긴다. 상사가 있으면 감히 힘쓰지 않으면 안 된
다. 술을 마시더라도 흐트러지지 않는 것이, 나에게 무슨
문제가 있겠느냐?

이 장은 공자가 한껏 스스로를 낮추어 한 말이다. 물론 공자
에게는 위의 네 가지 덕목이 다 갖추어 있다고 하겠다. 그러나
그가 말하는 이 정도의 덕목이라도 잘 지켜나간다면 대단한 선
행이다. 모두 예를 좇아야만 이루어질 수 있는 일이다.

주

• 事(사) : 누추함. • 公卿(공경) : 임금 밑의 높은 벼슬아치.
• 勉(면) : 힘쓰다. 애쓰다. 困(곤) : 흐트러지다. 어지러워지다.

2일

子在川上曰 逝者如斯夫 不舍晝夜

공자는 강가에 서서 이렇게 말했다. 지나가는 것은 이와
같아서 주야로 쉬지 않고 흘러가고 있구나.

대단히 유명한 경구이므로, 옛부터 여러 가지로 풀이되고 있
다. 예컨대 '쉼없이 지나가는 것은 시간이다'라고 하는 해석.
쉬지 않고 끊임없이 이동하는 모습을 천체의 운행이라고 하는
해석은 춘하추동 4계의 변화가 흐르는 물과 같다고 비유하기
도 한다. 또 수행의 길은 휴식 없는 유수와 같다는 해석도 있
다. 이 구절은 옛부터 천상탄(川上歎)이라고 불려왔다.

주

• 逝(서) : 가다. • 川上(천상) : 냇가. 강가. • 舍(사) : 쉬다.
머무르다.

3일

吾未見好德如好色者也

나는 아직까지 덕을 좋아하기를 여색을 좋아하듯 하는 사
람을 보지 못했다.

대단히 솔직한 고백이라고 생각된다.

『논어』는 수양 도서로서 대단히 훌륭한 내용을 전해 주고
있으며, 인륜 도덕과 지켜야 할 주옥같은 계명들이 많이 실려
있다. 그런 의미에서는 이 글은 참으로 인간 냄새가 풍기는 정
곡을 찌르는 경구라고 생각되며 호감이 간다.

이 세상에서 여자를 싫어하는 남자는 없을 것이다. 미녀를
좋아하지 않는다고 한다면, 그것은 완전히 거짓말이다. 여성을
사랑하는 몇 분의 일이라도 도덕을 사랑하고 수양을 쌓는데 노
력한다면 반드시 훌륭한 인격자로 숭앙 받게 될 것이다.

譬如爲山 未成一簣 止吾止也
譬如平地 雖覆一簣 進吾往也

비유컨대, 산을 쌓아올리다가 흙이 모자라서 중지했다 해
도 내 자신이 중지한 것이다. 평지에 비유해서 말하자면
비록 한 삼태기의 흙을 부어서 진전되었다면, 내 자신이
나아간 것이다.

최후의 한 삼태기가 완성의 갈림길이라고 할 때 정지하는
것도 진행하는 것도 모두 자기의 마음가짐에 달려 있다는 뜻이
다. 공자가 학문을 닦는 노력을 산을 쌓고 땅을 평평하게 하는
데 비유한 말이라 하겠다.

주

• 譬(비) : 비유, 비유를 들다. • 簣(궤) : 삼태기.
• 覆(복) : 붓다. 흙을 갖다 붓는 것. • 往(왕) : 가다. 발전하다.

5일

語之而不惰者 其回也與

말해 주면 게을리하지 않는 사람은 회(안연)뿐일 것이다.

공자가 제자 안연을 칭찬한 말이다. 그가 가장 아끼던 제자를 추억하는 말이 다음에 이어진다. 안연의 죽음은 참으로 애석한 일이다. 나는 그의 진보 발전하는 모습을 보기는 했지만, 한곳에 머물러 있는 모습은 본 적이 없다. 죽을 때까지 인덕을 쌓고 실천하는 데만 골몰하였다.

주

• 語之(어지) : 말해 주면. • 惰(타) : 게을리하다. 태만하다.

6일

> ## 苗而不秀者 有矣夫
> ## 秀而不實者 有矣夫

싹이 나오고 꽃이 못 피는 것도 있고, 꽃은 피었으나 열매를 맺지 못하는 것도 있다.

같은 식물 중에서도 싹은 나왔으나 이삭이 못 나오고, 꽃도 피지 못하는 것도 있다. 또 겨우 이삭은 나왔지만 결실을 맺지 못하는 것도 있다. 이와 같이 열 살 때 신동이란 칭찬을 받다가도 20세가 지나면, 그냥 보통 사람으로 일생을 사는 사람도 있다.

이 장은 제자 안연이 천재라고 칭송을 받아오다가 꽃도 피지 못하고 열매도 맺지 못한 채 요절한 삶을 애석하게 생각해서 한 말이다.

주

• 秀(수) : 꽃이 피다. • 實(실) : 열매 맺다. 결실하다.

後生可畏 焉知來者之不如今也
四十五十而未聞焉 斯亦不足畏也已

뒤에 태어나는 사람이 두려우니 어찌 장래의 그들이 지금
의 사람들만 같지 못하다는 것을 알겠는가. 사십이나 오
십이 되어서도 알려지지 않는다면, 이 또한 두려워할 게
못되는 사람이다.

젊은이들은 정력이 강하기 때문에 마음만 먹는다면 무한히
발전할 가능성을 지니고 있다. 그래서 공자는 젊은 세대에게
큰 기대를 걸고 있다. 젊은이는 누구나 학문과 도에 뜻을 두고
성실하게 자기 연마에 힘쓴다면 크게 발전할 수 있음을 뜻한
말이다.

주

• 後生(후생) : 나중에 태어난 자. 젊은이들.
• 聞(문) : 듣는다. 세상에 알려지다. • 畏(외) : 두렵다.
• 來者(래자) : 장래의 그들. • 斯(사) : 그 사람.

> 法語之言 能無從乎 改之爲貴
> 巽與之言 能無說乎 繹之爲貴

법도에 맞는 말을 능히 따르지 않겠는가마는, 그 말에 따라 잘못을 고칠 줄 아는 게 중요하다. 자상하게 타이르는 말이 기쁘지 않을 수가 있겠는가. 그 말의 참뜻을 찾아내는 것이 중요하다.

이 장은 다른 사람의 의견을 들을 때의 태도를 가르친 말이다. 토론의 장에서 자기 주장만 옳다고 고집 부릴 것이 아니라 다른 사람의 의견에 타당성이 있다고 판단되면, 그 의견에 따르는 것은 물론이고, 자기 의견의 잘못된 점을 서슴없이 고치는 계기로 삼는 태도가 중요하다.

주

• 法語(법어) : 법도에 맞는 말. • 改之(개지) : 잘못을 고침.
• 巽與(손여) : 자상하게 타이르는 것. • 說(열) : 기뻐하다.
• 繹(역) : 실을 뽑듯 찾아내다.

三軍可奪帥也 匹夫不可奪志也

대군의 장수는 빼앗을 수 있어도 필부의 뜻은 빼앗을 수
없다.

인간 의지의 고귀함을 강조한 말이다. 아무리 비천한 신분일
지라도 그 나름의 의지는 가지고 있다. 전장에서 삼군을 호령
하는 사령관은 붙잡을 수 있어도, 한낱 필부의 마음은 붙잡을
수가 없다. 그 만큼 사람의 의지는 고귀하다는 뜻이다.

주

- 三軍(삼군) : 중군, 우군, 좌군, 대군을 뜻한다.
- 帥(수) : 장수. 장군. • 匹夫(필부) : 평범한 남자.
- 志(지) : 뜻. 의지.

歲寒然後知松栢之後彫也

추운 계절이 된 뒤에야 소나무와 잣나무가 더디 시드는
것을 안다.

이 글은 무슨 계기가 있어야 비로소 평소에 닦고 쌓아온 수
행의 본뜻을 발휘할 수 있음을 설명한 말이다.

날씨가 추어진 뒤에야 소나무와 잣나무가 다른 나무들 보다
더디 시들게 됨을 알게 되는 이치처럼 인간도 역시 뒤얽혀서
처리하기 어려움을 만났을 때 비로소 그 진가를 발휘하게 된다
는 뜻이다.

주

• 歲寒(세한) : 추운 계절이 됨. 겨울. • 彫(조) : 시들다.

知者不惑 仁者不憂 勇者不懼

지혜로운 사람은 미혹되지 않고, 어진 사람은 근심하지
않고, 용기 있는 사람은 두려워하지 않는다.

'지자(知者)'는 사물의 도리를 잘 분별하여 현황을 인식할
수 있고, 미래까지 어느 정도 추측하는 지혜를 가지고 있어 어
떤 어려운 문제에 부딪쳐도 미혹되지 않고 해결해 낼 수 있다.

'인자(仁者)'는 인과 덕을 갖추고 있어서 사리사욕을 버리고
천리(天理)에 따라서 행동하며 양심에 거리끼는 일을 하지 않
기 때문에 걱정하지 않아도 된다.

'용자(勇者)'는 용맹이 있어서 결단력이 풍부하다. 출처진퇴
(出處進退)로 어디서나 두려워할 것이 없다.

12일

可與共學 未可與適道 可與適道
未可與立 可與立 未可與權

함께 공부할 수는 있는 사람이라도, 함께 도에 나아갈 수
없고, 함께 도에 나아가더라도, 함께 자립할 수는 없다.
함께 자립할 수 있는 사람이라도, 함께 일의 경중을 헤아
려 처리할 수 없다.

이 글은 각자 타고난 재질과 성품, 그리고 능력이 다름을 인
정한 말이라 할 수 있다. 여기서는 재질과 능력의 차이를 강조
했다기보다 제자들의 학문적 열의를 높이기 위해서 한 말이다.

주

• 與(여) : 더불어. 함께. • 適道(적도) : 도에 나아가다.
• 立(립) : 자립하다. 입신하다.
• 權(권) : 여기서는 '헤아리다'라고 해석한다. 시비대소(是非大
小)를 헤아리다는 뜻. 현실에 맞게 적용하다.

未之思也 夫何遠之有

진정으로 생각함이 아니로다. 어찌 해서 멀다고 할 수가 있겠는가.

당시 중국에서 유행되던 가요의 한 구절,

'당체나무 고운 꽃(唐棣之華), 산바람에 나부끼네(偏其反而), 어찌 그대 생각 않으리오마는(豈不爾思), 계신 곳이 너무 멀구나(室是遠而).'

너를 사랑하는 마음은 간절하지만, 너무 멀리 떨어져 있기 때문에 어쩔 수 없다는 변명 섞인 호소를 뜻하고 있으나 이에 대해서 공자는 아직 진정으로 사랑하고 있지 않음을 지적한다. 진정으로 사랑한다면 어찌 멀고 가까움을 핑계 댈 수 있겠느냐고 타이르고 있다.

주

• 唐棣(당체) : 당체나무. 산매자나무. • 華(화) : 꽃. 花와 같음.
• 偏其反而(편기반이) : 나부끼다.

14일

> 孔子於鄉黨 恂恂如也 似不能言者
> 其在宗廟朝廷 便便言 唯謹爾

공자께서 마을에 계실 때는 진실하고 공손하시어 마치 말을 잘 못하시는 것 같았다. 종묘나 조정에 계실 때는 분명히 말씀하시되 삼가서 하셨다.

공자는 50대에 수년 동안 노나라 조정에 출사해서 대신으로 근무한 적이 있다. 여기에서 말하고 있는 것은 그 무렵에 공자가 취한 태도를 기록한 내용이다. 거침없이 말씀하시되 태도는 신중함을 잃지 않았다는 공자다운 풍모를 보여주고 있다.

※ 주 ※

• 鄉党(향당) : 향리. 마을. 여기서는 공자의 부형과 종친이 계신 곳을 말한다. • 恂恂(순순) : 진실하고 공손한 모양
• 便便(편편) : 분명히 말하는 모양. 말이 또렷한 모양.

15일

朝 與下大夫言 侃侃如也 與上大夫言
誾誾如也 君在 踧踖如也 與與如也

조정에서 하대부와 대화할 때는 강직하게 하시고, 상대부
와 대화할 때는 온화하고 기쁘게 간하였다. 임금이 계실
때는 공경스럽게 하며 위의를 갖추었다.

조정에 나갔을 때 공자의 품위 있는 태도를 묘사한 글이다.
현대의 기업에서 말하면, 하대부는 부하에 해당하고, 상대부는
상사에 해당한다 그리고 군은 군왕, 즉 윗사람을 가리킨다. 그
어느 계급에 대해서도 공명정대한 자세가 돋보인다.

주

• 下大夫(하대부) : 왕제의 제후는 상대부와, 경과, 하대부가
　　각각 다섯 사람이었다. 하대부는 맨아래 계급.
• 侃侃(간간) : 강하고 곧음. 강직함. • 誾誾(은은) : 화기를 띠
　　고 시비를 논함. 온화하고 기쁘게 하여 간하는 것.
• 踧踖(축적) : 공경하여 편안하지 않은 모양. 공경하여 삼가는
　　모양. • 與與(여여) : 위의가 맞는 모양.

論 | 語 | 365 | 日
178

> 入公門 鞠躬如也 如不容 立不中門
> 行不履閾

궁궐 문을 출입할 때는 몸을 굽히시기를 마치 문이 좁아
들어가기 어려운 듯이 하였다. 문의 중앙에 서 있지 않으
셨고 문지방을 밟지 않았다.

예궐(詣闕 : 궁궐에 들어감)할 때 공자의 단정한 몸가짐 자
세와 태도를 묘사한 글이다. 이어 다음과 같이 설명하고 있다.

'임금이 계시는 자리를 지날 때에는 긴장하고, 걸음걸이나
말씨는 공손하였다. 옷깃을 가다듬고 당에 오를 때는 허리를
굽히고 숨을 죽이고, 나오시어 섬돌을 내려와서야 비로소 긴장
을 풀고 얼굴빛을 펴며 기뻐하였다. 계단을 오르내릴 때는 사
뿐히 하고, 자기 자리에 돌아와서도 공손한 자세는 흐트러지
않았다'고 쓰고 있다.

주

• 鞠躬(국궁) : 몸을 구부리다. • 履閾(이역) : 문지방을 밟다.

17일

君子不以紺緅飾 紅紫不以爲褻服
當署袗絺綌 必表而出之

군자께서는 보라색과 주홍색으로 옷깃을 달지 않으시며
분홍과 자주색으로 평상복을 만들어 입지 않았다. 더울
때는 가는 갈포와 거친 갈포의 홑옷을 반드시 껴입으시고
외출하였다.

이 글은 공자의 의생활에 관한 설명이다. 이어서 이렇게 설
명하고 있다. 검은색은 공식 예복, 백색은 흉사에 입는 옷, 황
색은 제사에 참례할 때 입는 옷. 일상복인 모피 옷의 기장은
길게 하고 소매는 짧게 한다. 상복에는 장식물은 달지 않는다.
출근복은 예복을 착용한다.

주

• 君子(군자) : 여기서는 공자를 가리킨다.
• 紺緅(감추) : 보라색과 주홍색. • 褻服(설복) : 평상복
• 袗絺綌(진치격) : 袗은 홑옷. 絺는 가는 갈포. 綌은 거친 갈포.

食不厭精 膾不厭細 食饐而餲
魚餒而肉敗 不食 色惡不食
臭惡不食 失飪不食 不時不食
割不正不食 不得其醬不食

밥은 쓿은 쌀밥을 싫어하지 않으며, 회는 가늘게 썬 것을
싫어하지 않았다. 쉬어서 맛이 변한 밥이나 생선이 상하
고 고기가 부패한 것은 먹지 않았다. 색깔이 변한 것, 냄
새가 나쁜 것은 먹지 않았다. 익지 않은 음식은 먹지 않
았으며, 제철의 음식이 아니면 먹지 않았다. 음식은 썬
것이 반듯하지 않으면 먹지 않았고, 간이 맞지 않는 것도
먹지 않았다.

이 장은 공자의 식생활에 관해서 언급하고 있다. 건강과 위
생을 염두에 둔 완벽한 식생활 습관이라고 할 수 있다.

주

• 饐(의) : 여기서는 공자를 가리킨다. • 餲(애) : 쉬다. 음식 맛
이 변하다. • 餒(뇌) : 썩다. 생선이 상한 것. • 飪(임) :
익히다. 잘 끓인 음식 • 不時(불시) : 때가 아니다. 여기
서는 제철이 아닌 것.

19일

惟酒無量 不及亂 沽酒市脯不食

오직 술만은 일정한 양은 없었으나 정신을 잃을 정도까지
드시지 않았다. 주점에서 산 술이나 시장에서 산 포는 먹
지 않았다.

　공자는 음식물에 대해서도 여러 가지 세심한 주의를 기울였
다. 그러나 술의 양에 대해서만은 정하지 않았다. 단, 마시고
취해 흐트러진 일이 없고 시중의 주점에서는 마시지 않았다.
술에 만취해서 난폭한 행동을 하고, 가정을 파탄시키고 타인에
게 피해를 주는 우리 나라의 음주문화에 대해서 좋은 경종이
될 것이다.

주

• 沽酒(고주) : 파는 술.　• 市脯(시포) : 파는 전포

席不正 不坐

자리가 바르지 않으면 앉지 않았다.

누구인지 확실히 모르지만, 제자 중의 한 사람이 스승에 대하여 한 말이다. 짧은 표현이긴 하지만, 공자의 단정한 생활 습관과 모습을 엿볼 수 있다.

자리가 똑바로 정돈되어 있지 않으면 앉지 않았다는 말은 첫째로 위엄이 무너지는 것을 두려워했기 때문이다. 그리고 아무렇게나 흐트러진 모습을 보이는 것은 군자의 자세가 아니다. 반듯한 좌석에 똑바른 자세로 앉는다. 그것은 무슨 일에나 합리적으로 대처하려는 공자의 이상이었다.

21일

廐焚 子退朝 曰 傷人乎 不問馬

마굿간에 불이 났는데, 조정에서 돌아와서 이 이야기를 들은 공자는 다친 사람은 없는가?라고 묻고 말에 대해서는 묻지 않았다.

공자가 이 세상에서 인간을 가장 중요시했다는 점을 말해 주는 좋은 한 예다. 그럴 경우 최우선적으로, "그래서 말은 괜찮았는가?"라고 물었다면, 그 인물은 인간보다도 말(재산)을 더 중요시한다는 의심을 받더라도 변명할 수 없을 것이다.

주

- 退朝(퇴조) : 조정에서 돌아오다. 퇴근하다.
- 廐(구) : 마굿간. • 焚(분) : 불 타다.

侍食於君　君祭先飯

임금을 모시고 식사를 할 때, 임금이 고수레를 하면 공자
는 먼저 음식을 먹었다.

이 글은 임금과 함께 식사할 때, 먼저 먹음으로써 독극물의
유무를 가리어 임금의 안이를 살핌을 설명하고 있다. 노나라 군
주에 대해서 공자가 주도 면밀한 공경심을 지니고 있었음을 엿
볼 수 있는 글이다. 이밖에도 군주로부터 식품을 하사 받았을
때의 예법, 와병 중에 군주의 병문안을 받았을 때의 예법, 군주
로부터 긴급 출두 명령을 받았을 때의 대응 등, 때와 장소, 환경
에 따라서 세심하게 대처하고 있음을 보여준다. 이렇듯 공자는
노나라 군주에 대해서는 철두철미하게 예의를 다하는 자세를
취했다.

주

• 侍(시) : 모시다. 받들다.　• 祭(제) : 신에게 고하는 일, 여기
서는 고수레를 뜻함.

寢不尸 居不容

잠잘 때는 시체처럼 눕지 않으며, 집에 있을 때에는 엄숙
하게 위엄을 갖추는 일이 없다.

공자의 사생활 모습을 묘사한 글이다. 한가할 때 자택에서
유유자적하게 위엄을 갖추지 않고 서민적인 자재로운 모습으
로 있다는 점이 더욱 인간다운 풍모를 엿보이게 한다.

주

• 容을 客으로 대체해서, '손님처럼 딱딱하게 거하지 않는다'고
  해석하는 학자도 있다.
• 不尸(불시) : 시체처럼 눕지 아니하다.
• 不容(불용) : 엄숙한 얼굴을 하지 않는다.

> 見齊衰者 雖狎必變 見冕者與瞽者
> 雖褻必以貌 凶服者式之

상복을 입은 사람을 만났을 때는, 친한 사이라도 반드시
얼굴색을 바꿔 정색을 하였다. 관을 쓴 관리와 장님을 만
나면 부담없는 사이라도 반드시 예모를 갖추었다. 수레를
타고 가다가 상중의 사람과 만나면 수레 앞쪽에 있는 가
로막대에 손을 짚고 절을 했다.

  상복을 입은 사람, 지위가 높은 사람, 장님을 만났을 때의
예의범절을 말하고 있다.

주

• 齊衰者(제쇠자) : 모친상이나 조모상을 당한 사람.
• 狎(압) : 친하다. 익숙하다. • 褻(설) : 부담없다. 친하다.
• 冕者(면자) : 관을 쓴 사람. 여기서는 예복을 입은 관리를 뜻함.
• 瞽(고) : 눈먼 사람. 장님. • 式(식) : 수레 앞 가로막대(횡목)

> 升車 必正立 執綏 車中不內顧
> 不疾言 不親指

수레에 오를 때에는 똑바로 서서 고삐를 잡는다. 수레 안
에서는 뒤를 돌아보지 않고, 말씀을 빨리 하지 않고, 직
접 손가락질 하지 않는다.

수레에 오를 때와 차 안에서의 예법을 말하고 있다. 공자는
항상 이 예법을 지키며 수레를 이용하였다. 차 안에서 두리번
거린다든지, 큰 소리로 말한다든지 여기 저기 손가락으로 가리
키는 행동은 모두 무례한 태도라고 여겼다. 수레에 타면 사람
들의 눈에 띄기 쉽기 때문에 특히, 예의를 갖출 필요가 있음을
보여준다.

※ 주 ※

• 綏(수) : 고삐. • 不內顧(불내고) : 되돌아보지 않는다.
• 疾言(질언) : 빠르게 말하다.

> 先進於禮樂 野人也 後進於禮樂
> 君子也 如用之 則吾從先進

선대의 분들은 예와 악에 있어서 야인이고, 후대의 사람들은 예와 악에 있어서 군자다. 만약 그것들을 골라 쓰게 된다면 나는 선대를 따를 것이다.

예의범절과 음악에 대한 공자의 예리한 견해를 말한 글이다. 공자는 55세부터 68세까지 13년 동안, 노나라를 떠나서 위, 제, 초 등 여러 나라를 방황했다. 여기서 말하는 선진이란, 방랑하기 이전에 입문한 제자들로 자로, 자공, 안회 등 연장자들을 가리키고, 후진이란 그 이후에 입문한 제자들인 자하(子夏), 증자(曾子) 등을 가리킨다는 설도 있다.

주

- 先進(선진) : 선대의 분들. 선배·후배란 뜻.
- 野人(야인) : 벼슬을 안한 백성들, 질박함을 뜻한다. 따라서 君子는 그 시대에 맞는 형식적인 사람들을 뜻한다.
- 如用之(여용지) : 만약, 그것을 쓴다면.

德行 顏淵 閔子騫 冉伯牛 仲弓
言語 宰我 子貢 政事 冉有 季路
文學 子游 子夏

덕행으로는 안연, 민자건, 염백우, 중궁이 있고, 말 잘하
기로는 재아와 자공이고, 정사에는 염유와 계로가 있고,
문학에는 자유와 자하가 있다.

공자가 만년에 옛날을 회고하며 고생을 함께 하던 제자들을
생각하며 술회한 말이다.
공자는 수많은 제자들을 덕행, 언어, 정치, 문학 네 가지 덕
성으로 나누고, 각각에 소질이 우수한 자들을 열거했다. 위에
기록한 10명을 공자의 10철(哲)이라고 칭한다.

≈※주 ※≈

• 文學(문학) : 여기서는 시(詩), 서(書), 예(禮), 악(樂)에 관한
학식으로 학문이란 뜻에 가깝다.

孝哉 閔子騫
人不間於其父母昆弟之言

효행스럽도다. 민자건이여! 남이 그의 부모나 형제들의 칭찬하는 말을 들어도 비방하는 사람이 없구나.

공자가 제자 민자건의 효행을 칭찬한 대목이다.

민자건은 계모가 그를 냉대했는데도 부모에 대한 효행이 극진하여 그의 부모는 우리 아들은 마음이 따뜻하고 효행이 지극하다고 늘 칭찬을 하였다고 한다. 자식 자랑하는 어버이는 바보라는 말이 있지만, 아무도 그를 바보라고 비난하지 않았다. 민자건의 감화를 받아서 부모 형제들 역시 자신들의 잘못을 뉘우치게 되었다.

주

• 間(간) : 비방하다. • 閔子騫(민자건) : 공자의 제자. 효행으로 알려짐. • 昆(곤) : 맏이, 형.

29일

顔淵死 子曰 噫 天喪予 天喪予

안연이 죽자, 공자께서 말했다. 아아, 하늘이 나를 버렸
구나. 하늘이 나를 버렸구나!

    가장 사랑하는 제자 안연이 죽었을 때 공자의 슬픔에 젖은
모습을 전해 주고 있다. 안연의 죽음을 듣고, 공자는 대성통곡
을 했다. 다른 제자들이 놀라서 선생님이 소리를 내어 우신다
고 수근거렸다. 그러자 공자는 "그렇다. 이 사람을 위해서 소
리 내어 우는 것이다."라고 기술하고 있다.

주

• 噫(희) : 탄식하는 소리. 감탄사. • 喪(상) : 잃다. 버리다.

敢問死 曰 未知生 焉知死

"감히 죽음에 대해서 묻겠습니다." 하니 말하기를 "아직
삶도 모르는데, 어찌 죽음을 알리오."라고 하셨다.

공자는 죽음에 대해서 운운하는 것보다 현실의 인생을 탐구
해야 된다고 말하였다.

이 글은 계로가 신(神)을 섬김에 대하여 질문하자, 공자는
"살아 있는 사람을 섬기는 일도 제대로 못하면서 귀신을 섬기
는 일을 할 수 있겠는가."라고 타일렀다고 한다.

주

• 焉(언) : 어찌.   • 季路(계로) : 공자의 제자. 자로(子路).

七月

過猶不及也

1일

閔子侍側 誾誾如也 子路 行行如也
冉有 子貢 侃侃如也 子樂 若由也
不得其死然

민자건은 공자의 곁에 있을 때는 온화한 모습이었고, 자
로는 굳세고 강한 것 같았으며, 염유와 자공은 강직한 것
같았는데, 공자는 즐거워하였다. 유(자로) 같은 사람은
그 죽음을 다하지 못할 것이라고 하였다.

제자들이 각각 개성 있는 모습을 하고 공자 곁에 앉아 있음
을 볼 수 있다. 공자는 자로에게 그런 성격으로 살다가는 천수
를 다하지 못할 것이라고 했다. 과연 자로는 후일 공자가 72세
때 위나라 내란에 휘말려서 살해되었다. 불행하게도 공자의 예
언이 적중한 것이다.

☞ 주 ☜

• 誾誾(은은) : 온화하고 기쁜 모습. 화기를 띠고 시비를 논함.
• 行行(행행) : 굳세고 강한 모양. • 侃侃(간간) : 강하고 곧음.
  강직함.
• 不得其死(부득기사) : 그 죽음을 다하지 못하고 죽다.

夫人不言 言必有中

저 사람은 좀처럼 말을 하지 않지만, 말을 하게 되면 반드시 사리에 맞는 말만 한다.

제자 민자건을 평한 말이다. 노나라에서 창고를 새로 고쳐 지으려고 했을 때, 민자건이 약간 손질하여 쓰면 될 것이지 많은 수고와 비용을 들여가며 다시 지을 필요가 없다고 의견을 말한데 대하여 공자가 이 말을 듣고 제자를 평한 말이다.

민자건은 평소에는 말이 없다. 공자는 그와 같은 제자의 태도를 믿음직하다며 좋게 생각하고 있었다.

주

• 夫人(부인) : 이 사람. 저 사람. • 有中(유중) : 사리에 들어 맞다.

由也 升堂矣 未入於室也

유(자로)의 학문은 당까지는 올라왔으나, 아직 방에까지
는 들어오지 못했을 뿐이다.

제자 자로가 자신의 급한 성격만큼 비파 타는 소리도 거칠
고 난폭하기만 할 뿐 조화로운 소리를 내지 못하자, 공자는 어
찌 그런 비파를 내 집안에서 타느냐고 꾸짖었다. 이 말을 듣고
동료나 후배들은 자로를 얕잡아 보게 되었다고 한다. 그러자
이런 사정을 관찰한 공자가 다른 제자들을 타이른 말이다.
　공자와 자로는 서로 마음을 터놓고 비판하는 사이였다. 그만
큼 사이가 가깝고 신뢰와 애정을 가지고 있었다.

≫ 주 ≪

• 升堂(승당) : 당에 오르다. 堂은 우리나라 대청에 해당하므로,
　　학문이나 덕행이 높은 수준에 이르렀음을 비유한 말이다.

4일

過猶不及也

지나친 것은 미치지 못함과 같다.

어떤 사람이 사(師 : 자장)와 상(商 : 자하), 두 제자 중에서 누가 더 우수하냐고 물었다. 그러자 공자는 '자장은 좀 지나치고, 자하는 미치지 못한다.'고 대답했다. 질문한 사람이 '그렇다면 자장이 우수하다고 말할 수 있겠군요.'라고 되묻자, 공자가 대답한 말이다.

과도한 것도 부족한 것도 좋지 않다. 요컨대 지나치지도 않고 부족하지도 않은 중용(中庸)이 가장 바람직함을 뜻한다. 공자의 이 중용 감각은 인생사에서 대단히 중요한 이치이다.

주

• 師(사) : 자는 자장(子張).　• 商(상) : 자는 자하(子夏).

• 不及(불급) : 미치지 못함. 모자람.

5일

> 柴也愚 參也魯 師也辟 由也喭 子曰
> 回也其庶乎 屢空 賜不受命 而貨殖焉
> 億則屢中

시는 어리석고, 삼은 둔하며, 사는 편벽되고, 유는 거칠다. 회는 그 학문이 도에 가깝지만 쌀뒤주가 자주 비었다. 사는 천명을 받지도 않았는데 재물을 불리는 것은 예측이 자주 적중했기 때문이다.

이 글은 아끼는 제자들에 대한 기탄 없는 촌평이다. 이들 중에서 공자는 역시 안연이 가장 마음에 든다고 생각하고 있는 듯하다.

주

• 柴(시) : 성은 고(高). 이름은 시. 자는 자고(子羔)
• 參(삼) : 증삼(曾參) • 師(사) : 자장(子張)
• 屢空(루공) : 자주 비다. 쌀뒤주가 자주 빈다는 뜻.
• 億側屢中(억측루중) : ~예측이 자주 적중하다.
• 庶(서) : 가깝다. 거의.

6일

論篤是與 君子者乎 色莊者乎

언론이 독실한 것만 따른다면 군자다운 사람이겠는가. 외
모만 장엄한 사람이겠는가.

이 장은 말과 용모로 사람을 취할 수 없다는 내용이다. 청산
유수처럼 말을 잘 하고 풍체가 좋은 사람을 훌륭한 사람이라고
판단하기는 곤란하다. 어쩌면 그런 사람은 풍체와 구변만은 훌
륭하지만, 마음은 그렇지 않을지도 모른다. 그러므로 말하는
것과 외모만 보고 사람을 판단하면 실패할 경우도 있다. 훌륭
한 말을 하는 것 만큼 그 행동이 훌륭한 사람이야말로 진정한
인격자라고 할 수 있다는 충언이다.

주

• 篤(독) : 돈독하다. 독실하다.   • 與(여) : 따르다. 편을 들다.
• 莊(장) : 씩씩하다. 장중하다.

7일

求也退 故進之 由也兼人 故退之

구(염유)는 물러서는 편이므로 앞으로 나아가게 하고, 유 (자로)는 다른 사람의 일까지 겸해서 하려 하므로 물러서 게 한 것이다.

자로가 "옳은 말을 들으면 곧 실행에 옮길까요?"하고 질문 하자, 공자는 "아버지도 형님도 있는데, 어찌 들은 것을 곧 그 대로 행한다 하리요."하였다. 다시 같은 질문을 염유가 했더니, 이번에는 "물론이지. 곧 실행토록 하라."고 지시했다. 옆에서 듣고 있던 공서화가 왜 똑같은 질문에 대해서 답이 틀리느냐고 묻자, 공자는 "사람의 성격을 보고 법을 설교한다."고 대답했 다.

주

* 兼人(겸인) : 다른 사람을 겸한다는 말로 남의 몫까지 하려는 것을 뜻함.
* 公西華(공서화) : 공자의 제자. 이름은 적(赤).

8일

> 子畏於匡 顔淵後 子曰
> 吾以女爲死矣 曰 子在 回何敢死

공자가 광 지방에서 위난을 당했을 때, 안연이 뒤늦게 도
착했다. 공자는 "나는 네가 죽은 줄 알았다."고 말했다.
그러자 안연이 "선생이 살아계신데 회가 어찌 감이 죽을
수 있겠습니까?"라고 대답했다.

죽었으리라고 생각했던 애제자가 살아 돌아온 것을 본 공자
의 기뻐하는 모습이 잘 표현되어 있다. "선생이 살아계신데 제
자가 감히 죽을 수 있겠습니까?"라고 대답한 안연의 태도에서
스승을 경애하는 제자의 정성을 엿볼 수 있다. 사제간의 두터
운 애정을 느낄 수 있는 대목이다.

주

• 畏(외) : 두려워하다. 위기를 당하다. • 後(후) : 뒤져 오다.

9일

> 所謂大臣者 以道事君 不可則止
> 今由與求也 可謂具臣矣

소위 대신이라고 하는 사람은 도로써 임금을 섬기다가 옳지 아니하면 그만둔다. 유와 구는 신하의 자격만 갖춘 신하일 뿐이다.

노나라의 대부 계자연이 자로와 염유를 대신으로 임명했는데, 이를 자랑스러워 하며 두 사람은 대신에 해당하느냐고 물었을 때 공자의 답변이다. 단, 그런 자격을 갖춘 신하일지언정 아버지나 임금을 죽이는 일에는 절대로 따르지 않을 것이라고 못을 박았다. 이는 계자연이 신하로서 옳지 못한 태도를 경고한 뜻이 포함되어 있음을 엿볼 수 있다.

주

• 季子然(계자연) : 노나라 대부. 공자에게서 글을 배움.
• 具臣(구신) : 자격만 갖춘 신하라는 뜻으로, 여기에서는 직위의 수만 채우는 신하를 말함.

子路曰 有民人焉 有社稷焉 何必讀
書然後爲學 子曰 是故惡夫佞者

국민도 있고 국가도 있습니다. 어찌 반드시 책을 읽은 연
후에야 배움이 된다고 하겠습니까? 하고 자로가 말했다.
공자는 그래서 말 잘 하는 사람을 미워한다고 했다.

자로가 후배 자고를 비(費)라는 지방의 읍장으로 추천하려
하자, 공자는 그러면 한창 공부하는 청년의 앞날을 중단시키지
않겠느냐며 반대했다. 그러자 자로가 위와 같은 의견을 삽입했
던 것이다.

☞ 주 ☜

• 佞者(녕자) : 말 잘하는 사람. • 社稷(사직) : 나라

11일

以吾一日長乎爾 毋吾以也

내가 얼마간 너희들보다 나이가 많기는 하나, 나를 꺼리
지 말라. 생각하고 있는 대로 말해 보라.

자로 · 염유 · 공서화 · 증석 네 사람에게 장래의 희망을 물
었을 때의 말이다. 앞의 세 사람은 나름대로의 큰 포부를 말했
다. 그러자 공자는 쓴웃음을 지었다. 나중에 남은 증석이 그 까
닭을 물으니, 공자는 세 사람 모두 꿈이 너무 크군. 좀더 겸허
하고 솔직했으면 좋겠다고 비판하자, '늦은 봄에 봄옷을 갖추
어 입고 늙고 젊은 친구 몇몇과 함께 기수(沂水) 맑은 물에 목
욕을 한 다음, 무우대(舞雩臺) 언덕에 올라 시원한 바람이나
쐬면서 시를 읊고 노래를 불렀으면 합니다.'라고 말한 증석의
태도를 칭찬했다. 공자는 세상을 올바르게 다스리는 일에 관심
을 가지고 있으면서도 그의 즐거움이나 생활의 이상은 자연 속
에서 한가로이 즐기는데 있었다.

주

• 一日長乎爾(일일장호이) : 너희 보다 다소 연장.
• 毋吾以也(무오이야) : 나를 꺼리지 말라.

12일

克己復禮爲仁 一日克己復禮
天下歸仁焉 爲仁由己 而由人乎哉

자기를 이겨내고 예로 돌아가는 것이 인이 된다. 하루라
도 자기를 이겨내고 예로 돌아가게 된다면 천하가 모두
인의 길로 돌아갈 것이다. 이겨내고 인이 되는 것은 자기
로 말미암은 것이지, 어찌 남으로 말미암은 것이겠는가.

안연이 인에 대하여 질문한데 대한 대답이다. 이어서 공자는
이렇게 말했다. '예가 아니면, 보지 말고 듣지 말고, 말하지 말
고, 행하지 말라.' 즉, 자신을 극복하기 위해 예의 필요성을 강
조한 말이다.

주

• 克己復禮(극기복례) : 자기를 이겨내고 예로 돌아감.
• 由己(유기) : 자기로 말미암다. 자기에게 달려 있다.

13일

> 出門如見大賓 使民如承大祭
> 己所不欲 勿施於人 在邦無怨
> 在家無怨

문을 나서면 큰 손님을 만난 듯이 하고, 백성을 부릴 때
에는 큰 제사를 받드는 듯이 한다. 자기가 원하지 않으면
다른 사람에게도 행하지 말아야 한다. 나라에 있어도 원
망이 없고, 집에 있어서도 원망이 없을 것이다.

중궁이 인에 대하여 질문한데 대답한 말이다. 이 충고에 중
궁은 다음과 같이 다짐했다. '제가 비록 영민하지 못하나 말씀
을 받들어 실천하겠습니다.'

주

- 仲弓(중궁) : 공자의 제자. 이름은 옹(雄).
- 大祭(대제) : 큰 제사. 천지 신명에게 지내는 제사나 종묘에서
  지내는 제사.
- 己所不欲(기소불욕) : 자기가 바라지 않는 일.
- 勿施於人(물시어인) : 남에게 베풀지 않는다.
- 承(승) : 받들다. 奉과 같은 뜻.

日 其言也訒 斯謂之仁己乎 子曰
爲之難 言之得無訒乎

말하기를, 그 말을 어려운 것 같이 하면, 바로 그가 인하
다는 것입니까? 그러자 공자는, 그것을 실천하기가 어려
울 것이니 그것을 말하는 데도 어려운 듯이 하지 않을 수
있을까?

사마우의 질문에 대한 공자의 대답이다.

공자는 질문자의 성격이나 정도에 따라서 답변이 각각 다르
다. 같은 인에 대한 설명도, 안연·중궁·사마우 세 제자에게
각각 다른 답변을 해 주었다.

※주※

• 司馬牛(사마우) : 공자의 제자. 이름은 리(犁), 자는 우(牛).
• 訒(인) : 말을 더듬다. 말을 어려운 것 같이 하다.

15일

内省不疚 夫何憂何懼

마음 속으로 반성을 해도 잘못이 없는데, 무엇을 걱정하고 무엇을 두려워하겠느냐.

사마우가 군자란 어떤 인물인가라고 물었다. 그러자, 공자는 '군자는 걱정하지 않고 두려워하지도 않는다.'고 하였다. 사마우가 그것만으로 군자라고 할 수 있느냐고 되묻자, 그 보충 설명으로 공자는 위와 같이 말했다.

자기 언행에 대해서 타인에게는 여러 가지로 변명을 할 수가 있지만, 자기의 양심은 속일 수가 없다. 군자가 되는 길은 쉬운 일이 아니다. 겉으로 제아무리 언행이 비단같이 훌륭해도 마음 속까지 비단 같을 수는 없기 때문이다.

☞ 주 ☜

• 内省(내성) : 안을 살펴보다. 곧 반성하다.
• 疚(구) : 병(특히 고질병). 잘못, 허물.

> 死生有命 富貴在天 君子敬而無失
> 與人恭而有禮 四海之內 皆兄弟也
> 君子何患乎 無兄弟也

죽고 사는 것은 명에 있고, 부귀는 하늘에 달렸다. 군자가 공경히 행동하여 실수가 없고, 남에게 공손하고 예를 지키면, 온 세상 사람들이 모두 형제가 된다. 군자가 어찌 형제가 없음을 근심하리오.

사마우는 형 환퇴가 난폭한 무법자였으므로 다른 사람들은 모두 좋은 형제가 있는데 하며 한탄하였다. 이를 위로하는 자하의 말이다. 공자가 송나라에 갔을 때 환퇴는 그곳 불량배들과 작당하여 생명까지 위협했었다고 한다. 그가 송공(宋公)을 반역해서 분란을 일으켰기 때문에 사마우는 책임을 당해 파직되어 공자의 문화생으로 들어온 것이다.

주

- 無失(무실) : 실수가 없다. • 四海(사해) : 온 세상.
- 司馬牛(사마우)는 환퇴를 비롯하여 형제들이 여러 명 있었으나 모두 뿔뿔이 흐터져 살았기 때문에 협조하는 형제가 없어 늘 한탄했다고 한다.

17일

浸潤之譖 膚受之愬 不行焉
可謂明也已矣

젖어들 듯이 하는 참언이나 피부를 자극하는 하소연이 받
아들이지 않는다면 명철하다고 할 수 있다.

자장이 명철함이란 무엇인가?하고 질문했을 때, 고자가 위와
같이 대답한 말이다.

흑심이 있는 사람은 금방 탄로될 거짓말은 하지 않는다. 물
이 스며들 듯이 침투해 오는 참소나 피부를 자극하는 하소연이
바로 그 옳지 못한 감정의 작용이라 하겠다. 그러므로 공자는
사리를 옳게 파악하기 위해서는 참소와 하소연에 이끌리는 감
정을 버리고 냉정하게 일을 처리해야 한다고 충고한다.

주

• 浸潤(침윤) : 스며들어 젖다. 은밀하게 제기되다.
• 譖(참) : 참소하다. • 愬(소) : 하소연하다 .

18일

曰 去食 自古皆有死 民無信不立

식량을 버려야 한다. 옛부터 사람은 다 죽음이 있게 마련
이다. 그러나 백성의 믿음이 없으면 나라는 설 수가 없다
고 말했다.

자공이 정사에 대해서 질문했다. 공자가 대답하기를 정치의
요체는 ①식량 확보 ②군비 충실 ③인민의 신뢰를 얻는 것이
라고 대답했다. 그 삼요체의 순서를 물었더니, 첫째로, 군비를
버리고, 두 번째로 식량을 버린다고 대답했다.

즉, 나라를 다스리는 데는 '신뢰'가 최우선으로, 신뢰가 없으
면 인간의 사회도 정치도 모두 붕괴됨을 설명하고 있다.

주

- 皆有死(개유사) : 모두에게 죽음은 있다.
- 去食(거식) : 식량을 버리다.
- 不立(불입) : 정치, 나라가 제 구실을 못한다.

19일

駟不及舌

네 필의 말이 끄는 수레도 혀를 따라 잡을 수 없다.

한번 입에서 발설한 말은 취소할 수가 없다고 경고한 말이다.

위나라 대부 극자성과 공자의 제자 자공이 군자에 대하여 토론하고 있을 때, 극자성이 '君子質而已矣 何以文爲 : 군자는 본바탕이 중요한 것이다. 겉치레는 무엇하리오.'라고 말한 데 대해서 자공이 이를 비판한 대답이다.

자공은 '유감스럽게도 당신은 말을 실수했다. 실언은 네 필이 끄는 수레로 쫓아가도 따라 잡을 수 없다'고 반박했다. 즉 한번 입에서 발설한 말은 취소할 수가 없다는 뜻이다. 자공은 이어서 본질과 형식은 표리일체(表裏一體)라고 말했다. 비유하면, 호랑이나 표범의 가죽도 털을 뽑으면 개나 양가죽과 구별하기 어렵게 되는 것과 같은 이치이라고 덧붙였다.

주

• 駟(사) : 네 필의 말이 끄는 수레 • 棘子成(극자성) : 위나라 대부

百姓足 君孰與不足 百姓不足
君孰與足

백성이 풍족하면, 어느 임금이 풍족하지 아니하겠는가.
백성이 풍족하지 못하면, 어느 임금이 풍족하겠는가.

노나라의 군주 애공이 공자의 제자 유약(有若)에게 재정난
을 호소했다. 유약이 진언하기를 금년은 기근이 들어서 백성들
의 사정이 어려우니 90% 감세를 하는 게 어떠냐?고 하였더니,
애공은 "말도 안 되는 소리. 그 배를 징수해도 부족할 터인데."
하고 노했다. 이에 대하여 유약이 군주 애공에게 간언한 대목
이다. 군주는 백성 본위로 생각하라는 타이름이다.

~~~ 주 ~~~

• 徹田法(철전법) : 주나라의 세법. 총수입의 1/10을 세로 낸다.

> 齊景公問政於孔子 孔子對曰
> 君君 臣臣 父父 子子

제나라의 경공이 공자에게 정사를 물었다. 공자는 이렇게 대답했다. 임금은 임금답고, 신하는 신하다우며, 아버지는 아버지답고, 자식은 자식다워야 한다.

여기서 경공은 "그대는 참 좋은 말을 들려주었다."며 깊이 느끼는 듯 했으나 실천을 못했기 때문에 제나라 정국은 불안정해지고 마침내, 진한(陳桓)에게 나라를 빼앗기는 수모를 당했다. 이때 경공은 공자의 말을 듣고, "선생의 말은 옳은 말이오. 만일 각자가 제구실을 못한다면 비록 곡식이 있더라도 내가 먹고 지낼 수가 있었겠소?"라고 아전인수격으로 해석했다는 것이다.

≫주≪

• 齊景公(제경공) : 제나라의 임금. 이름은 저구(杵臼).
• 君君(군군) : 앞 글자는 명사, 뒤 글자는 동사. 임금이 임금답다.

> 片言可以折獄者 其由也與
> 子路無宿諾

한두마디 말로 소송사건을 판결할 수 있는 사람은 유일
것이다. 자로는 승낙한 일을 미루어 두는 일이 없다.
자로는 일단 맡은 사건은 절대로 우물쭈물 하지 않고 곧
바로 실행하는 성격이다.

위의 앞말은 자로의 용기를 평하고, 뒷말은 자로의 과단성
있는 성격을 덧붙인 평이다. 그는 다혈질이라 성격이 거칠고
급하나 그 나름대로 장점도 있다. 한번 맡은 일은 뒤로 미루는
일없이 곧장 실행에 옮겨서 책임을 완수해 내는 결단력이 강하
다. 그러므로 공자는 자로를 자주 꾸지람하면서도 그를 사랑하
였다.

주

• 片言(편언) : 한두마디의 말. • 折獄(절옥) : 송사를 판결함.
• 無宿諾(무숙락) : 승낙을 미루지 않음.

聽訟 吾猶人也 必也使無訟乎

송사를 듣고 처결함에 있어서는 나도 다른 사람과 같으나
반드시 송사가 없도록 해야 한다.

앞장에서 공자는 상대방의 소송을 한마디 듣고, 곧 바로 정
확한 판단을 내리는 자로를 칭찬했지만, 이 글에서 공자는 소
송 자체가 이 사회에서 없어지는 것을 염원하고 있다. 이것이
한 수 위의 정치라고 할 수 있다.

이와 같이 공자는 소송사건이 없는 사회, 법률을 필요로 하
지 않는 정치를 이상으로 생각하고 있었다.

≫≫주≪≪

• 聽訟(청송) : 송사의 내용을 듣다. 소송을 판결하다.

子張問政 子曰 居之無倦 行之以忠

정치에 대해서 물었다. 공자는 평소에도 마음에 두고 게을리함이 없어야 하고, 정사를 행함에는 충심으로 해야 한다.

자로가 정치에 대해서 질문했을 때, 공자는 게을리하지 말라고 대답했다. 정치를 함에 있어서 나태한 태도는 사명감을 포기하는 것과 같다. 또 하나의 이유로서 자장과 자로에게는 게을리하기 쉬운 공통적인 단점을 지니고 있음을 경계한 말이다.

주

• 居之(거지) : 송사의 내용을 듣다. • 倦(권) : 게을리하다.
• 行之(행지) : 정사를 행하다.

25일

> 君子成人之美 不成人之惡
> 小人反是

군자는 남의 아름다운 점은 이루도록 해주고, 남의 나쁜
점은 이루지 못하게 하는데, 소인은 이와 반대이다.

중국 삼국시대의 명군인 손권은, '그 장점을 두둔하고, 그 단
점을 잊어버린다.'고 하며 장점을 존중하고, 단점에는 눈을 감
았다. 하지만 공자의 충언은 그것보다도 더 철저해서 상대의 장
점을 길러주고 단점은 아예 싹을 잘라 버리라는 결연한 충고를
하고 있다.

자기의 출세를 위해서 남의 발목을 잡는데 열중하는 인물도
일종의 소인배라고 할 수 있을 것이다.

⟩⟩⟩주⟨⟨⟨

• 反是(반시) : 이와 반대다. • 成(성) : 이룩하다.

季康子問政於孔子 孔子對曰
政者 正也 子帥以正 孰敢不正

노나라의 대부 계강자가 정치에 대해서 공자에게 물었다.
공자는 거기에 대답하여 이렇게 말했다. 정치라는 것은
바로잡는 것이다. 그대가 바르게 통솔한다면 누가 감히
올바르지 않겠는가.

중국이나 우리 나라에서도 '政'과 '正'은 같은 음이다. 그래
서 공자는 정치하는 것을 '正'이라고 강조했다. 즉, 공자는 정
치란 말을 바르게 한다는 뜻으로 풀이했다. 인간의 일을 바르
게 하기 위해서 정치가 필요하다고 한 것이다. 오늘날 부정을
다반사로 여기는 우리 나라 정치인들도 이 말을 한번 음미해
볼 것을 권하고 싶다.

주

• 帥(수) : 다스리다. • 季康子(계강자) : 노나라 대부.

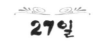

27일

苟子之不欲 雖賞之 不竊

진실로 당신이 탐욕하지 않는다면 상을 준다고 해도 도둑
질은 하지 않을 것이다.

계강자가 도둑을 걱정해서 공자에게 어찌된 일이냐고 물었
다. 그 때 공자의 대답이다.
공자의 생각으로는 백성들 중에 도둑이 많아서 국기가 문란
한 것은 위정자가 욕심이 많기 때문이라는 지적이다. 그러므로
위정자가 자기의 물욕을 누르고 가혹한 세금을 백성들로부터
착취하지 않으면 생활이 즐거워지고, 백성들도 도둑질을 하지
않게 된다는 것이다. 일리가 있는 말이다.

주

• 苟(구) : 진실로. 뜻대로. • 欲(욕) : 탐욕하는 것.

子爲政 焉用殺

당신이 정치를 하는데 어찌 죽임을 쓰겠는가.

계강자가 통치 방법에 대해서 물으면서 "악인을 죽이고 선인을 장려하는 것은 어떻겠습니까?"하고 질문했더니, 공자는 위와 같이 대답했다.

악당을 모두 없애버리면 세상은 좋게 될 것이라고 생각하면 큰 잘못이다. 공자는 덕치주의를 주장하였던 만큼 군자의 덕을 권유했던 것이다. 그 점을 강조하려는 뜻이다. 그러나 공자의 근본 원리가 훌륭하더라도 시대적으로 사회적으로 실현이 불가능한 통치 이념이었다. 바로 이런 이유로 해서 그의 정치 사상은 당시의 어느 곳에서도 꽃피울 수 없었다.

주

• 用殺(용살) : 죽이는 방법을 쓰다. • 爲政(위정) : 정치를 함.

> ### 君子之德風 小人之德草
> ### 草上之風必偃

군자의 덕이 바람이라면 소인의 덕은 풀이다. 풀 위에 바람이 불면 반드시 쓰러진다.

여기서 군자는 위정자, 소인은 백성을 가리킨다. 다스리는 자와 다스림을 받는 자와의 관계는 바람과 풀과 같은 관계이다. 바람이 불면 풀이 쓰러지듯이 위에 있는 위정자가 정치를 잘 하면 아래의 민초도 반드시 선도(善道)에 순종하게 된다. 강권을 써서 악당을 전부 죽이더라도 세상은 그것으로 선하게 되는 것이 아니라고 공자는 가르치고 있다.

계강자가 "나는 범죄자를 사형에 처해서라도 정치가 잘 된다면 그렇게 하고 싶다."고 하자, 공자는 "사형? 사형 없이는 정치를 못한다는 것인가. 당신이 철저한 덕치주의를 펴면 백성이 선에 동화하지 않을 리가 없다."고 말하고, 이어서 위의 말과 같은 충언을 했다고 한다.

주

• 초상지풍(草上之風) : 풀 위에 바람이 불면.
• 偃(언) : 눕다. 자빠지다. 쓰러지다.

> 夫達也者 質直而好義 察言而觀色
> 慮以下人 在邦必達 在家必達

무릇 달한 사람이란 바탕이 정직하여 의로움을 좋아하고, 남의 말을 잘 살피고 기색을 잘 관찰하며, 사려 깊게 남보다 낮게 처신한다. 때문에 나라에서도 반드시 달하게 되고, 집에 있어서도 반드시 달하게 된다.

제자 자장이 '달인'에 대하여 질문한데 대한 공자의 대답이다. 자로는 '나라에서도 집에서도 유명한 사람은 달인입니까?' 하고 묻자, 공자는 '그것은 유명인이라고 할 뿐이지 달인은 아니다'라고 논하고 위와 같은 설명을 했다.

⁂ 주 ⁂

• 達(달) : 달인. 통달한 사람. • 察言(찰언) : 남의 말을 잘 헤아림. • 觀色(관색) : 기색을 살피다.
• 慮以下人(여이하인) : 사려 깊게 남보다 낮게 처신한다.

31일

攻其惡 無攻人之惡 非修慝與

자신의 나쁜 점을 다스리고 남의 나쁜 점을 책망하지 않는다면, 이것이 사악을 다스리는 일이 아니겠는가.

번지(樊遲)라는 제자가 ①덕을 높이기 ②사악을 제거 ③미혹을 없앤다는 세 가지 점에 대해서 질문했다. 그 중에서 ②에 대한 대답이다.

①에 대해서 공자는 일을 먼저 하고, 얻는 것은 나중에 하라고 말했다. 일을 먼저 하고 이익을 나중에 취하면 덕을 높일 수 있다. ③에 대해서는 일시적인 분노에 자기 자신을 잃고 부모에게까지 화를 미치게 한다고 했다.

❖주❖

• 攻(공) : 다스리다. 힐책하다. 책망하다.
• 修慝(수특) : 사악한 것을 다스려 제거함. 慝은 사악한 것.

八月

貧而無怨難　富而無驕易

忠告而善道之 不可則止 無自辱焉

진심으로 충고하고 착하게 인도해 주되, 가능하지 않으면
그만두어 욕되게 하지 말아야 한다.

제자 자공이 친구와 사귀는 법에 대해서 질문했다. 그때 공
자의 대답이다. 충고라 할지라도 그 정도가 지나치면 효과가
없고, 도리어 우정에 금이 갈 수 있음을 경고한 말이다.

주

• 善道(선도) : 선으로 인도한다. 道는 導와 같다.
• 不可則止(불가칙지) : 가능하지 않으면 그만두다.

2일

曾子曰 君子以文會友 以友輔仁

군자는 학문으로 벗을 모으고, 벗을 통해 인덕을 보필한
다고 증자는 말했다.

군자는 인덕을 달성하는 일에 노력하지만, 이 경우는 학문에
뜻을 둔 친구들의 원조가 필요함을 말하고 있다. 친구에도 종
류가 많다. 술친구도 있고, 같은 취미를 가진 친구도 있을 것이
다. 반면, 악우도 일종의 친구이다.

증자는 인과 도를 달성하는데 도움이 되는 것은, 같은 학문
에 뜻을 둔 친구라고 규정하고 있다. 끊임없이 배우고 인과 덕
을 쌓는 학문적 태도를 가진 친구와 사귐을 관련시킨 말이라
하겠다.

중국 보인대학(補仁大學)의 명칭은 이 장에서 따온 것이다.

주

• 文(문) : 학문 • 會(회) : 모으다. • 補(보) : 돕다. 보필하다.

先之 勞之 請益 曰 無倦

백성보다 먼저 하고 수고롭게 하라. 공자가 말했다. 조금 더 상세한 설명을 바랍니다 하고 자로가 청하니, 게을리 하지 말라고 말했다.

　자로가 정치가로서의 마음가짐을 질문한데 대한 공자의 대답이다. 백성들을 위해 솔선수범하고 게을리 하지 않는다는 요건은 정치가 뿐만 아니라, 일반 관리나 기업인, 직업인, 모두에게 해당되는 말이다.

≈주≈

• 先之勞之(선지노지) : 먼저 솔선하고, 애써 노고하라. 之는 　모두 정치를 가리킴. • 倦(권) : 게을리 하다. 싫증 내다.
• 請益(청익) : 더 설명해 줄 것을 요구하다.

擧爾所知 爾所不知 人其舍諸

네가 알고 있는 사람을 등용하여 쓴다면, 네가 모르는 다
른 사람들이 내버려두겠는가.

제자 중궁이 계씨의 가신이 되었을 때, 정치의 집행 방법을
질문했다. 그 답변 중에서 인재 등용에 관한 의견이 나왔는데,
이에 중궁이 그 방법을 물었다. 그 때의 설명이다.
　상관이 인재를 잘 등용해 준다 하는 덕행이 알려지면, 그가
모르는 인물에 대해서도 유능한 자가 있으면 주의 사람들이 추
천해 주게 되는 것이라고 공자는 말하고 있다.

〰〰 주 〰〰

• 人其舍諸(인기사저) : 사람들이 그를 버려두겠느냐?

5일

> 子路曰 衛君待子而爲政 子將奚先
> 子曰 必也正名乎

자로가 말했다. 위나라 임금이 선생님을 모셔다가 정치를 하게 되면, 선생님은 무엇부터 먼저 하겠습니까. 공자는 이렇게 말했다. 반드시 명분을 바로 세우겠다.

그것은 너무 느슨하다고 생각한 자로가 그 까닭을 묻자, 공자는 명분이 바르면 명령이 순조롭고 정당하게 행해져서 일이 잘 진척되고, 예의가 바르고 음악이 진흥되고, 형벌이 정당하게 집행되어 백성은 안정된 생활을 할 수 있게 된다고 설명했다. 정치를 담당하려면 우선 명분을 바로 세우는 일이 중요하다고 할 수 있다.

주

• 待子(대자) : 공자를 모시다. • 奚先(해선) : 무엇을 가장 먼저 하다. • 正名(정명) : 명분을 바로 하다.

誦詩三百 授之以政 不達 使於四方
不能專對 雖多 亦奚以爲

『시경』 삼백편을 외우고도 정사를 맡기면 통달하지 못하고, 사신의 신분으로 외국에 나아가서도 혼자서 응대하지 못하면, 비록 시를 많이 읽었으나 무엇에 쓰겠는가?

옛날에는 외교 사절로 가면 먼저 『시경』의 시를 서로 주고받음으로써 외교 교섭의 가능성을 타진하였다. 따라서 이 장은 외교 활동에 있어서의 『시경』의 활용을 뜻한 말이다. 그러나 일처리를 제대로 못한다면 지니고 있는 교양도 무의미한 것이 아닌가.

━━ 주 ━━

• 誦(송) : 외우다. 암송하다. • 授之以政(수지이정) : 정치를 맡다. • 專對(전대) : 스스로 알아서 처리함. • 奚以爲 (해이위) : 무엇을 하겠는가.

7일

> ### 其身正 不令而行 其身不正
> ### 雖令不從

제자신이 바르면 명령하지 않아도 실행이 잘 된다. 제자
신이 바르지 않으면 명령을 해도 따르지 않는다.

위정자가 올바르게 처신을 하면 명령하지 않더라도 백성들
은 말을 잘 듣지만, 처신을 잘못하면 아무리 엄한 명령을 내려
도 복종하지 않는다고 해석할 수 있다.

이는 정치가 뿐만 아니라 기업의 책임자나 조직의 리더에게
도 적용될 수 있는 진리이다. 또 어떤 시대, 어떤 환경에서도
관리직은 이런 마음가짐을 지니고 자기가 맡은 일에 충실해야
한다.

주

- 其身(기신) : 그 자신, 다스리는 사람 자신.
- 行(행) : 행해지다. 제대로 되다.

善居室 始有 曰 苟合矣 少有 曰
苟完矣 富有 曰 苟美矣

집안을 잘 다스렸다. 부유하기 시작하자, 진실로 쓸만큼
모였다 하고, 약간 부유하게 되자, 진실로 다 되었다고
하고, 아주 부유하게 되자, 아름답다고 하였다.

위나라 왕자. 형(形)을 평한 공자의 말이다.

왕자 형은 항상 자신의 환경에 만족하고 있었다. 이런 태도
가 훌륭하다고 공자는 생각했던 것이다. '진실로 쓸만큼 모였
다.' '진실로 다 되었다.' '부유하게 되자 아름답다.' 이 세 마
디의 말은 언제나 만족해 하고 있는 겸허한 마음의 상태를 표
현하고 있다.

주

• 善居室(선거실) : 집안을 잘 다스리다.
• 苟合(구합) : 진실로 쓸만큼 다 모였다.
• 苟完(구완) : 진실로 다 되었다.
• 苟美(구미) : 진실로 아름다움을 다 갖추었다.

> 苟正其身矣 於從政乎何有
> 不能正其身 如正人何

진실로 그 자신이 바르다면 정사에 종사함에 있어서 무슨 일이 있겠는가? 그 자신을 바로 잡지 못한다면 어찌 남을 바로 잡겠는가?

위정자가 자기 몸을 바르게 처신할 수 없으면, 백성을 바르게 이끌고 나갈 수가 없다. 그러므로 진정한 위정자라면 먼저 자기 몸을 닦고, 집안을 다스리고, 정치를 해서 천하를 다스린다 [修身齊家治國平天下]는 말과 같다. 자기 자신도 바로 잡을 수 없는 사람이 어떻게 많은 사람을 다스릴 수 있을 것인가 하는 타이름이다.

주

• 如正人何(여정인하) : 어찌 남을 바르게 이끌 수 있겠는가.

> 冉子退朝 子曰 何晏也 對曰 有政
> 子曰 其事也

염유가 조정에서 물러나오자, 공자가 어째서 늦었느냐?
하고 물으니, 염유는 "정무가 있었습니다."고 대답했다.
이에 공자는 "그것은 정무가 아니고 사사로운 일일 것이
다."고 말했다.

공(公)과 사(私)를 엄밀히 구분하던 공자의 자세를 보여 주
는 한 예다. 염유는 대부이며 권세가인 계씨(季氏)의 가신으로
있었다. 그러므로 그가 조정에 들어가 조회에 참여하는 것은
단지 계씨의 가신 입장에서 참여했다는 뜻이다. 그래서 공자는
제자 염유가 혹시 계씨 집안의 사사로운 일 때문에 그의 입장
을 두둔하느라고 늦었나 하며 꾸중을 했던 것이다.

주

• 晏(안) : 늦다. 晩과 같음. • 事(사) : 개인적인 일.

11일

言不可以若是其幾也

말이란 그와 같이 효과를 기대할 수 없는 것이다.

노나라 군주 정공이 "한마디로 나라를 흥하게 할 수 있는 말과 국가를 잃게 하는 말이 있는가요."하고 물었을 때 공자의 대답이다. 거기에 꼭 들어맞는 말은 없지만 가까운 것은 있다고 하며 두 가지 예를 들었다. '임금의 자리는 어려운 자리라는 것'과 '자기의 말에 반대하는 사람은 하나도 없다.'는 두 가지라고 했다. 앞의 것은 나라를 흥하게 하는 말이고, 뒤의 것은 나라를 멸망시키는 말이라고 했다. 군주의 마음가짐을 완곡하게 타이른 말이다.

만약 그 말이 옳아 아무도 거역하지 못한다면 오죽이나 좋겠는가만, 그러나 그 말이 옳지 않은데도 거역하지 못한다면, 한마디로 나라를 잃게 된다는 것이다.

주

• 機(기) : 期(기)와 통하여 효과를 기대하는 것.

12일

葉公問政 子曰 近者說 遠者來

섭공이 정치에 대하여 질문하자, 공자는 이렇게 말했다.
가까운 사람들은 기뻐 따르게 하고, 먼 곳에 있는 사람들
은 흠모하여 찾아오게 하는 것입니다.

당시 섭은 초나라 속국이었다. 섭국은 작고 그 군주는 범용
해서 정치가 좀처럼 안정되지 않았다. 그 군주가 정치에 대해
서 물었기 때문에 공자는 실정에 맞게 위와 같이 대답했다. 우
선 주위에 있는 사람들이 기뻐할 수 있는 정치를 실시한다. 그
리하면 먼 데 있는 사람들도 훌륭한 정치를 흠모해서 모여들게
될 것이라는 뜻이다.

주

• 葉公(섭공) : 초나라 대부. 심저량(沈諸梁). 자는 자고(子高).
• 來(내) : 훌륭한 정치를 흠모하여 사람들이 찾아온다.

> 無欲速 無見小利 欲速則不達
> 見小利則 大事不成

일을 속히 하려 말고 작은 이익을 돌아보지 말라. 속히 하고자 하면 달성하지 못한다. 작은 이익을 돌아보면 큰 일을 이루지 못한다.

제자 자하가 거보(筥父)라는 고을의 읍장에 임명되었을 때 정치가의 마음가짐에 대해서 물었다. 거기에 대한 공자의 대답이다.

서둘지 않는 것과 눈앞의 작은 이익에 집착하지 않는다는 것은 정치가 뿐만 아니라, 인생의 지침이 되기도 한다. 2천년이 지난 오늘날에도 일상생활에 꼭 들어맞는 교훈이다.

주

• 筥父(거보) : 노나라의 작은 고을 이름, 父-보라고 발음.
• 欲速(욕속) : 빨리 하려 하다. 급히 서두름.
• 達(달) : 목표한 대로 달성되는 것.

14일

父爲子隱 子爲父隱 直在其中矣

아버지는 자식을 위해 숨기고, 자식은 아버지를 위해 숨긴다. 그 가운데 정직함이 있는 것이다.

섭공(葉公)이 어느 때, 공자를 향해서 "우리 영내에 궁이라는 정직한 사람의 아버지가 양을 훔쳤는데, 자진해서 관청에 신고했다고 합니다."하고 자랑했다. 공자는 "내 친구가 정직한 자라면 그런 짓은 안할 것이다."고 위와 같은 말을 했다고 한다.

가족간의 애정과 연대감을 중요시하는 대목으로 유교와 법률의 차이점을 나타내고 있다.

❧ 주 ❧

• 隱(은) : 숨다. 숨기다. 여기서는 양을 훔친 일 같은 것을 숨겨 주는 것.

15일

居處恭 執事敬 與人忠
雖之夷狄 不可棄也

평소에도 공손하고 일을 처리할 때는 공경스럽고, 남과
어울릴 때 충실하다면, 비록 오랑캐 땅에 가더라도 버리
지 못할 것이다.

제자 번지가 인이란 어떤 것인가고 질문한데 대한 공자의
답변이다. 이 장에서 공자는 인이란 공(恭)·경(敬)·충(忠)의
세 가지 덕목이라고 설명하고 있다.

주

• 居處(거처) : 평소에 지낼 때. 일상생활.
• 執事(집사) : 일을 처리하다.
• 與人(여인) : 사람들과 어울리다.
• 雖之夷狄(수지이적) : 비록 오랑캐 땅에 가더라도.

> 行己有恥 使於四方 不辱君命
> 可謂士矣

자신의 행동에 대해서 수치심을 깨닫고, 사방에 사신으로
가서 임금의 명령을 욕되게 하지 않는다면 선비라고 할
수 있다.

제자 자공이 "선비라고 부르기에 족한 인물이라면?" 하고
물었다. 그 때의 대답이다. 그 다음은 주위 사람들로부터 부모
에게 효도하고 어른께 공경스럽다고 칭찬 받는 사람. 다시 한
급 아래로는 신의를 지키고 임무를 완수하는 인물이라고 공자
는 설명했다.

선비라고 부르기에 족한 위에 명시한 인물의 조건은 이해가
되지만, 그 다음 효행과 공경스러움을 거론한 것은 재미있다.
유가의 특징이라고 볼 수 있다.

주

• 行己(행기) : 자신의 행동. • 有恥(유치) : 수치심. 염치.

17일

今之從政者何如 子曰 噫
斗筲之人 何足算也

요즈음 정치에 종사하는 사람은 어떠합니까? 그러자 공자
는 이렇게 말했다. "아아! 한 말 들이의 작은 도량을 가
진 사람들을 어찌 셈에 넣을 수 있겠는가?"

앞장에서 이어지는 말이다. 공자가 선비의 자질을 설명하자,
자공이 "그러면 지금의 정치가들은 어떻습니까?"하고 물었다.
그에 대한 공자의 대답이다.

선비가 벼슬길에 나아가서는 자신의 행동에 책임을 질줄 알
아야 하고, 국가의 명예를 더럽히지 말아야 한다. 그러기 위해
서 선인의 도와 학문을 배우는 것이며, 만약 그렇지 못한다면
아무리 많이 안다고 떠든다 할지라도 선비 측에 끼지 못한다.
요즈음 정치인들에게 들려주고 싶은 말이다.

주

• 斗筲(두소) : 斗는 한 말, 筲는 한 말 두 되 들이 그릇.
• 斗筲之人(두소지인) : 그릇이 작은 사람, 즉 소인을 가리키
  는 말이다.
• 何足算(하족산) : 어찌 셈에 넣을 만한 가치.

18일

> 不得中行而與之 必也狂狷乎
> 狂者進取 狷者有所不爲

중용의 길을 행하는 사람을 만나서 함께 실행할 수 없다면 반드시 과격한 사람이나 고집장이를 택하겠다. 과격한 사람은 진취적이고, 고집장이는 고집은 세지만 하지 않는 바가 있다.

올바른 중용의 길을 걷는 사람을 얻지 못할 바에는 차라리 나약한 기질의 사람보다 과격하거나 고집이 센 사람을 택하겠다고 한 말이다.

주

• 中行(중행) : 중용의 길을 행하는 사람.
• 狂子(광자) : 실행은 수반하지 않지만, 뜻은 높고 진취 기상이 풍부한 사람.
• 狷(견) : 외고집이지만 부정이나 불의는 하지 않는 사람.
• 有所不爲(유소불위) : 하지 않는 바가 있다.

君子和而不同 小人同而不和

군자는 사람들과 화합하지만, 뇌동(雷同)하지는 않는다.
소인은 뇌동하지만 화합하지는 않는다.

대단히 유명한 격언이다. 화(和)란 서로 화합해서 사이가 좋아지는 것. 그러나 동(同)과는 틀리다. 우뢰소리가 나면 만물이 동시에 여기에 응하는 현상을 뇌동(雷同)이라고 하지만, 생각하지도 않고 덮어놓고 타인에 동조하는 태도를 비유한다. 따라서 '화'에는 주체성이 있지만 '동'에는 주체성이 전혀 없다.

기업이나 조직에서는 '화'가 대단히 필요하지만, '동'은 좋지 않다. 그러므로 '화이부동(和而不動)'이 바람직하다.

주

• 和(화) : 다른 사람과 마음과 뜻이 잘 통하여 어울리는 것.
• 同(동) : 이익이나 목적을 위해 남과 행동을 같이 하는 것.

不如鄕人之善者好之 其不善者惡之

**마을 사람들 중에서 선한 사람이 그를 좋아하고 선하지
못한 사람이 그를 싫어하는 것만 못하다.**

제자 자공이 마을 사람 모두가 좋아하는 인물은 어떠합니
까? 하고 묻자, 공자는 고개를 흔들었다. 그러면 마을 사람 모
두가 미워하는 인물은 어떠합니까? 하고 묻자, 공자는 그것도
안 된다고 대답하고 이어서 위와 같은 말을 덧붙였다.

요컨대, 모든 사람으로부터 좋은 평가를 받는 팔방미인격인
사람이 꼭 좋은 사람이라고 규정할 수는 없다. 선한 사람들에
게는 칭찬을 받고, 선하지 못한 사람에게는 미움을 받는다고
하는 사람이 더 좋은 사람일 수 있다는 뜻이다.

21일

> 君子易事而難說也 說之不以道
> 不說也 及其使人也 器之

군자란 섬기기는 쉽지만 기쁘게 하기는 어렵다. 도로써
기쁘게 하지 않으면 기뻐하지 않기 때문이다. 사람을 부
림에 있어서는 각기 기량에 맞게 쓴다.

이어서 공자는 소인은 섬기기는 어려우나 기쁘게 하기는 쉽
다고 단언한다. 소인은 판단력 없이 일을 강행하기 때문에 섬
기기가 곤란하다. 그러나 추종이나 아첨을 좋아하기 때문에 소
인을 기쁘게 하기는 쉽다.

주

• 易事(이사) : 섬기기 쉽다. • 難說(난열) : 기쁘게 하기 어렵다.
• 器之(기지) : 그릇의 크기에 따라 알맞게 쓰는 것. 기량에 맞
  게 쓴다.

君子泰而不驕 小人驕而不泰

군자는 태연하지만 교만하지 않고, 소인은 교만하지만 태연하지 못하다.

마음 가짐은 스스로 그 태도에서 나타나게 된다. 그러므로 군자는 자신의 내면이 풍부하고 신념이 뚜렷하므로 태연자약하고 대범한 태도를 보여준다. 그러나 소인은 이와 반대여서 내용도 없고 신념도 빈약하므로 대범하고 침착한 태도를 취할 수 없다. 그 대신 오만해지고 금방 나태의 늪에 빠져버린다. 즉 자신감과 내용이 없는 인간일수록 스스로를 과장하려고 애쓴다고 지적하고 있다.

주

• 泰(태) : 크고 당당함. 태연함. 태연자약.

23일

剛毅木訥近仁

　강직하고, 의연하고, 질박하고, 입이 무거운 것은 인에
가깝다.

　윗글의 정반대 뉴앙스가 '교언영색(巧言令色)'이라고 생각
해도 좋을 것이다. 공자는 강직하며 불의에 굽힘이 없고, 어려
움에도 의연히 대처하며, 성품이 질박하고, 말을 어렵게 하는
태도로써 인의 정도를 측정하고 있다.

≫주≪

- 剛(강) : 굳다. 굳세다.　• 毅(의) : 의연하다. 과감하다.
- 木(목) : 질박하다.　• 訥(눌) : 어눌하다. 말을 더듬다.

24일

以不敎民戰 是謂棄之

백성들을 가르치지 않고 전쟁에 내보내는 것은, 곧 그들
을 버리는 일이다.

『논어』에서는 노자만큼 전쟁 기피의 정신을 강조하지는 않지
만, 전쟁을 찬미하지도 않는다. 무엇보다도 공자는 군인으로서
훈련도 받지 않은 무지한 백성을 징집해서 전장으로 몰아내는
행위는 백성을 버리는 것과 같다고 생각하고 있다. 그렇게 되
면 전쟁에서 지게 됨은 물론 인명 경시의 극단이라고 호소하고
있다.

주

• 棄之(기지) : 그를(백성을) 버리다. 희생시키다.

> 憲問恥 子曰 邦有道穀
> 邦無道穀 恥也

제자인 헌(憲)이 부끄러움에 대하여 물었다. 공자는 나
라에 도가 행해지고 있다면, 녹을 받아도 좋지만, 도가
행해지지 않는 나라에서 녹을 받음은 부끄러운 일이다.

공자는 도가 있는 나라와 도를 지키지 않는 나라로 구분했
다. 그리고 도가 행하여지고 있는 나라에서는 적극적으로 관리
로서 봉사할 것이지만, 도가 행해지지 않는 나라에서 녹을 받
는 것은 수치스러운 일이라고 가르쳤다.

※주※

- 穀(곡) : 곡식, 녹(봉급)을 받다. 벼슬을 하는 것.
- 憲(헌) : 공자의 제자 원헌(原憲). 자는 자사(子思).

26일

士而懷居 不足以爲士矣

선비이면서도 편안히 살기만을 생각한다면, 선비라 하기
에는 부족하다.

선비란 보통의 평민이 아닌, 사회적 지도자의 위치에 있는
사람이다. 지도자 위치에 있는 인물이 자기의 지위나 생활에
연연하여 작은 이익에 휘말려든다면, 사회와 인류를 위해서 이
바지할 수 있는 길은 바랄 수 없다. 진정한 선비라면 우선 공
적인 일에 책임을 다해야 한다.

오늘날의 입장에서 말하면 지식인 또는 지도자급에 있는 사
람을 말한다. 이들은 그 나름의 긍지와 자존심을 가지고, 국가
와 인류 사회를 위해서 헌신할 각오로 처신해야 될 것이다.

주

• 懷居(회거) : 편히 지낼 것만을 생각하는 것.

27일

邦有道 危言危行 邦無道 危行言孫

나라에 도가 행해지고 있으면 말과 행실을 고상하게 하
고, 나라에 도가 행해지지 않으면 행실은 고상하게 하고
말은 겸손하게 해야 한다.

이 장은 도를 행하는 나라와 도를 행하지 않는 나라 혹은,
치세와 난세에 있어서의 사람의 언행방법에 대하여 가르친 내
용이다. 치세에 있어서의 언행은 고상하게 유지해야 되지만, 난
세에 있어서의 행동은 어떻던지 말은 극히 조심해야 된다는 교훈
이다.

주

• 危(위) : 여기서는 위태로움이 아니라 높다 고상하다는 뜻이다.
• 孫(손) : 遜(손)과 통하여, 겸손한 것, 공손한 것을 뜻함.

有德者必有言 有言者不必有德
仁者必有勇 勇者不必有仁

덕이 있는 사람은 반드시 훌륭한 말이 있지만, 훌륭한 말을 하는 사람이 반드시 덕이 있다고는 할 수 없다. 인덕을 갖춘 사람은 반드시 용기가 있으나, 용기 있는 사람이 반드시 인덕을 갖추고 있다고는 할 수 없다.

'역(逆)은 반드시 참(眞)이 아니다'라는 수학 정리가 있지만, 덕과 말, 인(仁)과 용(勇)의 관계는 바로 이와 같다. 주의할 것은 공자는 반드시 말과 용기를 부정하고 있는 것은 아니라는 점이다. 덕이 있는 사람은 바른 도의 말을 할 수 있는 충분한 바탕을 지니고 있으나 반대로 그럴듯한 말을 한다고 해서 덕이 있는 사람이 될 필요 조건을 다 갖추고 있다고는 보장할 수 없는 것이다. 어진 사람과 용기의 관계도 마찬가지다.

주

- 有言(유언) : 언은 도리에 맞는 훌륭한 말을 뜻한다.
- 不必(불필) : 반드시 …… 아니다.

29일

愛之 能勿勞乎 忠焉 能勿誨乎

**그를 사랑한다고 해서 수고롭히지 않을 수가 있겠는가,
충성을 다 한다고 해서 깨우쳐 주지 않을 수가 있겠는가?**

사자는 자기 새끼를 천 길 낭떠러지에 떨어뜨린다. 또는 귀여운 자식은 고생을 시킨다는 속담이 있듯이 깊은 애정이 있으면 도리어 그 상대의 앞날을 위해 고통을 경험하게 하고 또, 어떤 사람이 진실로 성실하다면 그의 귀에 거슬리는 말이라도 충고하지 않으면 안 된다. 상대의 기분을 상하게 해서는 안 된다고 'yes man'이 되는 것은 아직 성의가 없다는 증거이다.

⋙ 주 ⋘

• 誨(회) : 깨우쳐 주다. 가르쳐 주다. 잘못을 일깨워 주다.

30일

貧而無怨難 富而無驕易

가난하면서 원망하지 않기는 어렵지만, 부유하면서 교만
하지 않기는 쉽다.

'가난하면 둔해진다'라는 속담과 같이 사람은 가난해지면
마음이 심술궂고 비뚤어지기 쉽다. 그리고 다른 행복한 사람이
나 부자를 보면 '왜 나만 이렇게 운이 나쁠까.' '이 세상에는
신도 부처님도 없는가?' 하고 불평을 토로하게 된다. 그래서
공자도 인간 본연의 심정으로 가난함에서 오는 원망은 참아내
기가 힘들다고 말했던 것이다. 자신의 권세가 커지고 재산이
늘어나면 자연 교만한 마음이 생기게 되나 이는 다소의 예와
의지로 자제할 수 있다고 충고한다.

31일

見利思義 見危授命 久要不忘
平生之言 亦可以爲成人矣

이익을 보면 의로움을 생각하고, 위태로운 것을 보면 목
숨을 바칠 것을 생각하며, 오래된 약속이라도 평사에 한
그 말들을 잊지 않는다면 또한 성인이다.

제자 자로가 성인(成人)이란 어떤 사람을 가리키는 것입니
까? 물었다. 공자는 역사상의 인물을 예로 들었지만, 지금 세상
이라면 그렇게 어렵게 생각하지 않아도 된다고 전제한 다음,
이어서 위와 같은 설명을 했다.

☞주☜

• 授命(수명) : 위태로움을 구하기 위해 목숨을 내놓는 것.
• 久要(구요) : 오래된 약속이란 뜻. • 平生(평생) : 평시, 평일.
• 成人(성인) : 인격이 완성된 사람.

九月

人無遠慮　必有近憂

1일

微管仲 吾其被髮左衽矣
豈若匹夫匹婦之爲諒也
自經於溝瀆而莫之知也

관중이 없었다면 머리를 풀어 헤치고 옷깃을 왼쪽으로 여
미는 오랑캐가 되었을 것이다. 어찌 보잘 것 없는 남녀들
의 조그만 신의를 지키기 위해 스스로 개천에서 목을 매
어 죽은 사람을 알지 못함과 같이 하겠는가.

그 당시 절대적이고 맹목적이며 무조건의 헌신만이 국왕에
대한 충성이며, 절개로 생각했던 틀에 박힌 관념을 초월한 공
자의 사상이 잘 나타나 있다.

주

• 管仲(관중) : 제나라 환공의 재상. 역사상 대정치가. 주왕실의
　　　　이름을 높이고 천하를 통일함. • 微(미) : 아니다. 없다.
• 被髮左衽(피발좌임) : 머리를 풀어 헤치고 옷깃을 왼쪽으로
　　　　여미다. 오랑캐 족들의 풍습.
• 匹夫匹婦(필부필부) : 보잘 것 없는 남녀. 곧 보통 사람.
• 諒(량) : 작은 신의. • 經(경) : 목을 매다.

其言之不怍 則爲之也難

함부로 말하고 부끄러움이 없으면, 말한 것을 실천하기가
어렵다.

사람은 자기가 한 말에 대해서는 책임을 져야 한다. 실행할
수도 없는 일을 큰 소리만 쳐 놓고 부끄러운 줄 모르는 태도는
발언에 대한 책임을 지지 않는 그릇된 행동이다.
대개 허풍을 떨거나 과장하기를 좋아하는 사람은 큰 소리치
고 장담하고 싶어 하는 습성이 있다. 공자는 그런 무책임한 망
언을 싫어하였다. 한번 발언한 말은 어디까지나 책임을 지는
태도가 바람직함을 역설하고 있다.

주

• 爲之(위지) : 그것을 실천하다. 말한 것을 실천하다.
• 怍(작) : 부끄럽다(慙).

子路問事君 子曰 勿欺也 而犯之

자로가 임금을 섬기는 일에 대하여 묻자, 공자는 이렇게 답변했다. 임금을 속이지 말고 간곡하게 간하는 일이다.

임금이나 상사를 속이지 않는 것은 어려운 일이 아니다. 그러나 대면하여 직간하는 일은 더 어렵다.

자로의 솔직한 성격으로 봐서 임금을 속이지 않는다는 것은 거의 확실하다. 그러므로 공자는 뒷말을 특별히 강조하고 싶었던 것이다.

주

• 犯(범) : 얼굴을 범해 간하여 다투는 것. 간곡히 간하는 것.

古之學者爲己 今之學者爲人

옛날의 배우는 사람들은 자기를 위하였는데, 오늘날 배우
는 사람들은 남을 위해 한다.

옛날과 오늘날 학자들 사이 학문을 대하는 마음가짐의 차이
에 대하여 말하고, 그들의 공리주의를 비판한 내용이다.

학문의 목적은 자기를 향상시키는데 있다고 공자는 생각한
다. 자신의 수양이 높아지고 지식이 풍부해지면 명성이나 지위
는 자연히 따라 오게 마련이다. 처음부터 지위나 명예를 위해
서 학문에 뜻을 두는 것은 본말이 전도되어 있음을 경고하고
있다.

주

• 爲己(위기) : 자기를 위하여. • 爲人(위인) : 남을 위하여

欲寡其過 而未能也 使者出 子曰
使乎 使乎

"과실을 적게 하려고 애쓰나 아직 충분하지 못합니다."
사자(使者)는 대답하고 물러갔다. 공자는 "참으로 훌륭
한 사자다."하며 거듭 칭찬하였다.

연백옥으로부터 공자에게 사자가 파견되어 왔다. 공자가 요
즈음 주인은 어떻게 지내고 있느냐고 묻자, 사자는 위와 같이
대답했다. 이에 공자는 주인을 옹호하는 사자의 대답을 칭찬한
말이다.

연백옥은 위나라의 대부이며 공자와 친교가 있었다. 부하(사
자)의 답변에서 미루어 볼 때, 그 주인(연백옥)의 높은 인품이
엿보인다.

주

• 使乎(사호) : 훌륭한 사자다. 사자의 훌륭함을 나타낸 말.

曾子曰 君子思不出其位

증자가 말하기를, "군자는 생각함이 자기 직위를 벗어나
지 않도록 한다."라고 했다.

훌륭한 사람은 자기의 지위나 직책에 사명감을 가지고 있는
힘을 다하지만, 타인의 일에 대해서는 쉽게 끼어들지 않는다.
『논어』 태백편에 있는 '그 자리에 있지 아니하면, 그 정사
를 도모하지 않는다'는 말은 이 장과 일맥상통한다는 생각이
며, 관제상의 직분에 한하지 않고, 자기 직분에 맞는 것만 생각
하라는 타이름이다.

주

• 不出其位(불출기위) : 그 자리를 벗어나지 않는다.

君子恥其言而過其行也

군자는 그의 말이 행동보다 지나침을 부끄럽게 여긴다.

일견, 평이한 격언이지만 달리 해석한 말도 있다.

'君子恥其言而過其行'이라고 된 원서도 있다. 그 때에는 군자는 실행이 수반되지 않는 발언을 삼가고 발언 이상의 실천을 도모한다고 풀이하고 있다.

요컨대, 언행이 일치하기란 아주 어렵다. 그러나 한 마디의 말도 신중히 여기는 군자는 말을 해놓고 실천하지 못하는 것을 부끄럽게 생각해야 된다는 뜻이다.

子貢方人 子曰 賜也賢乎哉
夫我則不暇

　　자공이 남을 비교하며 평하자, 공자는 말하기를 "사는 현
명하구나, 나는 그럴 여가가 없는데."라고 하였다.

　　제자 자공은 머리가 명석하고 구변이 좋았지만, 가끔 사람들
의 장단점을 비교 비평하는 나쁜 버릇이 있었다. 공자는 그의
그런 태도가 문제라고 지적하여 경계한 말이다.

～주～

- 賜(사) : 자공의 이름.
- 方(방) : 평기하다. 비교하다. '方'은 본래 척도라는 뜻인데, 자
  (尺)를 들이대고 사람을 재는 것을 말한다.
- 不暇(불가) : 여가가 없다. 겨를이 없다.
- 乎哉(호재) : 사실을 의심하는 뜻으로 쓰임.

9일

不患人之不己知 患其無能也

남들이 자기를 알아주지 않음을 걱정하지 말고 자기의 무
능함을 걱정할 일이다.

원전에 따라서는 '患其無能'이 아니고 '患其不能'이라고
되어 있지만 뜻은 같다. 자공이 공자 앞에서 여러 사람들을 비
평하다가 꾸중을 듣는 말이다. 자신을 수양하여 덕을 쌓기에도
시간이 모자라는데, 남을 평할 정도로 한가한가 하는 타이름의
말이다.

⇒ 주 ⇐

• 其無能(기무능) : 자신의 능하지 못함. 無는 不과 통함.

10일

> ## 不逆詐 不億不信 抑亦先覺者
> ## 是賢乎

남이 속이는 것에 대하여 대비하지 말고, 남이 믿지 않을
것이라 억측하지 않고, 도리어 그런 것을 먼저 깨닫는 사
람이라면 현명한 사람이다.

　사람을 대할 때 상대방의 말에는 무엇인가 거짓이 있고, 흑
심이 끼어 있지 않나 하고 억측하는 것은 좋지 않다. 우선 상
대방의 말을 잘 듣는 자세가 중요하다고 타이르고 있다.

주

• 逆詐(역사) : 속이는 것에 대해서 미리 대비하다.
• 億(억) : 짐작하다. 억측하다.　• 抑(억) : 그러나. 도리어.
• 先覺(선각) : 남이 속이므로 믿지 않는 것에 대하여 먼저 깨
　　닫는 것.

非敢爲佞也 疾固也

강히 말재간을 부리려는 것이 아니라 고루함을 미워한다.

은자인 미생무(微生畝)가 "구(丘 : 공자)는 어째서 그렇게 바삐 돌아다니는가? 아니면, 말재간을 부리며 함인가?" 하고 질문한데 대해서 공자가 대답한 말이다.

미생무라는 사람은 정체를 잘 모르는 인물로 은둔자라고 한다. 이 사람은 공자가 국가 사회를 위하여 동분서주하고 있는 모습이 안타깝고 불만스러웠던 것이다.

≫주≪

• 爲佞(위녕) : 말재간을 부리다. 말재주를 팔아 출세하려는 것.
• 疾固(질고) : 고루함을 미워함.

驥不稱其力 稱其德也

천리마는 그 힘을 일컬음이 아니라 그 덕을 일컬은 것이다.

말을 예로 든 것은 비유이다. 실제로는 인간에 대해 말하려는 뜻이 담겨 있다. 인간에게는 재능이나 역량이 필요하다. 그러나 근본적으로 갖추지 않으면 안 되는 것은 그 재능보다 덕성에 있다는 뜻이다.

주

- 驥(기) : 하루에 천 리를 달린다는 명마를 일컬음.
- 德(덕) : 잘 달릴 수 있는 능력.

13일

何以報德 以直報怨 以德報德

덕에는 무엇으로 갚겠는가. 곧은 정직함으로써 원한을 갚
고, 덕으로써 덕을 갚는 것이다.

어떤 사람이 "원한에는 덕으로 갚으라고 말하고 있지만, 어
떻습니까?" 하고 질문한데 대한 공자의 답변이다.

노자는 '보원이덕(報怨以德 : 원한을 덕으로 갚는다)'이라는
유명한 말을 했지만, 공자의 '이직보원(以直報怨)'이란 말이
한 수 위라고 볼 수 있다.

> 不怨天 不尤人 下學而上達
> 知我者其天乎

하늘을 원망하지 않고, 남을 탓하지도 않으며, 낮은 것을
배워서 높은 것에까지 통달하였으니, 나를 알아주는 이는
하늘일 것이다.

나를 이해해 주는 사람이 없다고 공자가 한탄하자, 제자인
자공이 "그럴 리 없습니다. 누구든지 선생님을 잘 이해하고 있
습니다."라고 위로했다. 그에 대한 공자의 답변이다.

공자는 만년의 불우한 신변을 비관하지 않고, 항상 긍정적
자세를 잃지 않았다. 그런 그를 지탱하게 한 것은 '不怨天不
尤人'의 철학관이었다.

주

• 不尤人(불우인) : 남을 탓하지 않는다.
• 下學而上達(하학이상달) : 일상적인 인간의 일을 배워서 높
 은 이치에까지 통달하다.

> 道之將行也與 命也
> 道之將廢也與 命也

도가 장차 행하여지는 것도 천명이며, 도가 장차 무너지
는 것도 천명이다.

　인간이 잔꾀를 부려보았자, 천하의 대사가 어찌 되는 것은
아니다. 공백료(公伯寮)라는 사람이 자로의 일을 계손(季孫)에
게 참소했다. 그것을 안 노나라 대부 자복(子服)이 공자에게
보고하며 공백료는 나쁜 사람이라고 화를 냈다. 그 때 공자가
대답한 말이다. 자복의 의분은 알지만, 보잘 것 없는 자의 좀스
러운 참언에 일일이 신경 쓸 필요가 없다고 하는 공자의 타이
름이다.

주

• 公伯寮(공백료) : 성이 공백. 이름이 료(寮). 노나라 사람. 계
　손씨의 가신으로 공자의 제자.

賢者辟世 其次辟地 其次辟色 其次辟言

현명한 사람은 어지러운 세상을 피하고, 그 다음 가는 사람
은 어지러운 지방을 피하고, 그 다음 가는 사람은 고약한
안색을 피하고, 그 다음 가는 사람은 나쁜 말을 피한다.

'명철보신(明哲保身)'이라는 말은 현자의 본령이지만, 거기
에도 4단계가 있다. 가장 철저한 것은 세상을 피해서 은둔자가
되는 일이다. 그 다음은 신하로 조정에 봉직하지 않고 이웃 땅
으로 이주하는 일이다. 다시 군주의 안색을 살피고 몸을 피하
고, 최후에는 군주의 말을 들어보고, 이 군주는 도저히 안 되겠
다고 하여 몸을 피하는 일이다.

주

• 辟世(피세) : 하늘의 뜻. 천명. • 地(지) : 지방 또는 어지러
운 나라. • 色(색) : 고약한 안색. • 言(언) : 나쁜 말.

17일

深則厲 淺則揭

물이 깊으면 옷을 입은 채로 건너고, 물이 얕으면 옷을 걷어올리고 건넌다.

세상의 흐름에 맞게 적당한 생존 방법을 취하는 것이 좋다는 내용이다.

위나라 수도에 있을 때 공자의 집 문앞을 지나가던 과객이 부른 민요. 이 노래를 들은 공자는 "결단성이 좋구만! 그렇게만 처세할 수 있다면 이 세상에서 무슨 어려움이 있으랴!" 하고 말했다. 너무 서두르지 말고 과부족없이 중용을 지켜가며 적당하게 처세하라는 타이름이다.

주

• 厲(려) : 옷을 입고 물을 건너다(以衣涉水).
• 揭(게) : 올리다. 옷을 걷어 올리고 건너다(褰衣涉水).

上好禮 則民易使也

윗사람이 예를 좋아하면, 백성들은 부리기 쉽다.

위정자가 예의를 잘 지키면, 그 지배하에 있는 백성도 저절로 온순해진다. 따라서 다스리기가 용이하다. 이것이 공자의 사고방식이다.

기업에 비유해서 말하면 위에 있는 사람이 예의 바르게 행동하면 사원들도 모두 공손해지고, 분에 맞춰서 행동하기 때문에 회사 운영이 용이하다. 즉 사원을 뜻대로 일을 시키려면 위에 있는 자가 예의를 지키고 모든 면에서 절제를 하면, 회사 경영에 좋은 방법이라고 가르치고 있다.

修己以安百姓 修己以安百姓
堯舜其猶病諸

자기 수양을 해서 백성을 편안하게 해주어야 한다. 자기
수양을 하여 백성을 편안하게 해주는 일은 요임금, 순임
금도 어려워했다.

　제자 가로가 군자의 조건에 대하여 질문했다. 공자가 자기
수양을 해서 신중하고 공근한 마음을 가져야 된다고 대답하자,
그것만으로 됩니까? 하고 다시 자로가 거듭해서 묻자, 공자가
최후에 대답한 말이다. "자기 수양을 해서 사람을 편안하게 한
다."는 격언은 유학의 궁극적 목표 중에 한 가지이다.

≫ 주 ≪

• 病諸(병제) : 그것을 병으로 여겼다. 그것을 어려워하다. 諸는
　'之於(지어)'와 같다.

俎豆之事 則嘗聞之矣 軍旅之事
未之學也 明日遂行

제사에 관한 일은 일찍이 들어서 알고 있으나 군사의 일
에 대해서는 아직 배우지 않았습니다. 그리고 다음날 드
디어 떠났다.

위나라 군주 영공이 어느 날, 돌연 진법(陳法)에 관해 공자
에게 질문했다. 그 때의 공자의 답변이다. 영공이 정치나 예의
에는 마음을 쓰지 않고 느닷없이 군사 문제에 대해서 질문하므
로, 공자는 이 군주를 단념하고 서둘러서 그 곳을 떠난 것이다.
영공은 폭군이며 무도한 인물로 소문이 높다.

주

• 俎豆(조두) : 俎와 豆는 모두 제기(祭器)의 이름. 여기서는
　　　제사에 관한 일을 말함.
• 軍旅之事(군려지사) : 군사에 관한 것.
• 遂行(수행) : 마침내 떠났다.

君子固窮 小人窮斯濫矣

군자도 곤궁할 때가 있다. 소인은 곤궁해지면 곧 함부로
행동한다.

영공의 곁을 떠난 공자 일행이 진나라에서 식량이 떨어지고
제자들은 병을 앓고 피로해서 활동할 수 없게 되었다. 이 참상
을 보고 노한 자로가 "군자도 곤궁할 수 있는 것입니까!" 하고
공자에게 대들었다. 그 때 공자의 답변이다.

초나라로 가려고 하는 공자를 경계해서 진나라가 공자 일행
을 포위했기 때문에 일어난 재난이었다.

주

• 固窮(고궁) : 궁핍. 곤궁.   • 濫(람) : 함부로 행동하다.

對曰 然 非與 曰非也 予一以貫之

대답하기를 "그렇습니다. 그렇지 않습니까?" 말하기를
"그렇지 않다." 나는 하나로 관통하고 있다.

어느 때 공자가 자공에게 "자공아! 너는 나를 박학다식한 사
람이라고 생각하고 있는가?"라고 묻자, 거기에 대한 사제간의
문답이다. 이는 학문의 이론이나 사상은 모두 한 가지 원리 곧,
인에서 나온 것이다.

『논어』 이인편에 있는 '吾道一以實之 : 나의 도는 하나로
써 관통되어 있다.' 그 하나로 관통된 도는 충(忠)과 서(恕)라
고 하였다.

> 無爲而治者 其舜也與 夫何爲哉
> 恭己正南面而已矣

아무것도 하지 않고 천하를 잘 다스린 사람은, 그 순(舜)
임금일 것이다. 대체 무엇을 했단 말인가. 자신을 공손히
하고 바르게 남쪽을 향하였을 뿐이다.

무위자연(無爲自然)은 노장철학[노자·장자의 철학]에서 가
끔 나오는 용어이지만, 공자도 정치의 이상으로서 숭상하며 받
들어 온 뜻이다. 우수한 지도자가 되려면 사소한 술책을 부리
는 것보다 대국을 파악하고, 부하에게 모든 일을 맡기고 자기
는 아무것도 않는 것이 좋다. 남쪽을 향해 앉는다는 것은 천자
의 자리를 말한다.

주

• 恭己(공기) : 자신의 행동을 공손히 하는 것.
• 正南面(정남면) : 바르게 남쪽을 향해 앉는다. 천자의 자리를
　　　　　　　 뜻한다.

> 言忠信 行篤敬 雖蠻貊之邦行矣
> 言不忠信 行不篤敬 雖州里行乎哉

말이 성실하여 신의가 있고, 행동이 독실하고 공경스러우면 비록 오랑캐 나라에 가더라도 통할 수 있을 것이다. 말이 성실치 못하여 신의가 없고, 행동이 공경스럽지 못하다면, 비록 향리라 할지라도 통할 수 있겠는가?

제자 자장이 세상을 살아감에 대하여 공자에게 물었다. 공자는 이에 대답하기를, 말을 성실하게 하고 행동을 독실하게 하라고 일러주었다. 말을 성실하게 한다는 것은 말과 행동이 일치함을 뜻한다. 그리고 행동을 공경스럽게 한다는 것은 인정이 두텁게 행동함을 뜻한다. 즉 언행일치와 인을 말한 것이라 할 수 있겠다. 사람의 행실에 대한 가장 기본적인 가르침이므로 명심해 둘 필요가 있다.

주

• 蠻(만) : 남쪽 오랑캐. • 貊(백) : 북쪽 오랑캐.
• 州里(주리) : 향리. 州는 2만 2천 5백호(戶). 里는 25호.

25일

> 直哉史魚 邦有道 如矢 邦無道
> 如矢 君子哉蘧伯玉 邦有道則仕
> 邦無道 則可卷而懷之

곧은 사람이다. 사어(史魚)는 나라에 도가 있어서 화살
같이 곧았고, 나라에 도가 없어도 화살같이 곧았다. 군자
답다, 거백옥은 나라에 바른 도가 행하여지면 벼슬을 하
고, 나라에 바른 도가 행하여지지 않으면 덕을 거두어 숨
었다.

공자가 위나라의 대부 사어와 거백옥을 평한 글이다. 이들
사어와 거백옥 사이에 시간(屍諫)이란 유명한 고사가 있다. 사
어는 현명할 뿐만 아니라 성격이 매우 강직한 사람이었는데, 그
가 거백옥의 인물됨을 알아 임금 영공에 천거했으나 듣지 않았
다. 마침내 사어가 죽자, 자신의 시체를 창 밑에 놓아두라고 자
식에게 유언하자, 이 뜻을 안 영공은 크게 뉘우쳐 거백옥을 등
용했다는 내용이다. 이른바 이것이 사어의 시간이다.

주

• 如矢(여시) : 화살같다. 화살처럼 곧다. • 仕(사) : 벼슬하다.
• 卷(권) : 거두어 들이는 것. • 懷(회) : 숨어 지내다. 숨다.

> 可與言而不與之言 失人
> 不可與言而與之言 失言
> 知者不失人 亦不失言

더불어 말할 만한 사람인데도 그와 더불어 말을 하지 않으면 사람을 잃게 되고, 더불어 말을 해서는 안될 사람인데도, 그와 더불어 말을 하면 말을 잃는 것이 된다. 지혜 있는 사람은 사람을 잃지도 않고, 말도 잃지 않는다.

대화를 나눌 가치가 있는 사람에게 아무 말도 하지 않으면, 모처럼의 인물을 잃게 되고, 그렇지 못한 인물과 쓸데없는 말을 주고 받는 것은 시간을 낭비하는 일이다. 그렇게 하지 않는 사람이 현명하다는 뜻이다.

주

• 失言(실언) : 말을 잃다. 쓸데없는 말이 되다.

志士仁人 無求生而害仁
有殺身而成仁

뜻이 있는 선비와 어진 사람은 삶을 추구하기 위해 인을
해치는 일이 없고, 자신을 죽여서라도 인을 이룩한다.

지사나 인자는 함부로 목숨을 버리지는 않지만, 정의를 위해
서 혹은 인의 길을 지키기 위해서는 자기 목숨을 버릴 각오가
되어 있다.

중국 역사에서도 부도덕한 군주에게 반대하다가 죽음을 당
한 많은 인자와 지사가 있다. 그들은 모두 자기 목숨을 던져서
인을 성사시킨 인물이라고 할 수 있다.

주

• 害仁(해인) : 인(仁)을 해치다. 어진 것을 해친다.
• 殺身(살신) : 목숨을 바치다. 자신을 죽이다.

工欲善其事 必先利其器

장인이 그 일을 잘 하고자 하면, 반드시 먼저 그 도구를
예리하게 해야 한다.

제자 자공이 인을 행하는 방법에 대해서 질문했을 때 공자
의 답변이다. 공자는 이어서 "그와 같이 자기 수양을 위해서는
현자와 가까이 해서 배우고, 인덕을 갖춘 사람을 벗으로 삼는
것이 바람직하다. 일단 어느 한 나라에서 살게 되면, 그 나라의
훌륭한 대부를 받들고, 그 곳의 지사를 벗으로 선택하고, 거기
에 따라서 자기의 실력을 함양하는 것이 중요하다."고 말했다.

※주※

• 工(공) : 장인. 목수. • 利其器(이기기) : 그의 연장을 날카롭
게 하다.

放鄭聲 遠佞人 鄭聲淫 佞人殆

정나라 노래를 몰아내고, 아첨하는 사람을 멀리 한다. 정나라 노래는 음탕하고, 아첨하는 사람은 위태롭기 때문이다.

안연이 국가를 다스리는 방법에 대하여 질문했고, 공자는 국가의 문물제도에 대하여 설명했다. 예를 들면, 책력은 한나라의 것을 쓰고, 수레는 은나라 것이 튼튼하니까 그것을 쓰고, 관리의 관은 주나라의 것을, 음악은 순나라의 것을 채택해서 국가의 제도를 확립해야 된다고 하고, 이어서 이렇게 경계했다. 정나라 풍의 노래는 음탕하다.

주

- 佞人(녕인) : 간교하고 말을 잘 하는 사람. 아첨하는 사람.
- 放鄭聲(방정성) : 정나라 노래를 몰아내다. 옛부터 정성(鄭聲)은 음탕한 노래의 대명사로 쓰였다.

30일

人無遠慮 必有近憂

사람이 멀고 깊은 생각함이 없으면, 반드시 가까이 근심
이 있게 된다.

눈앞의 일에 대해서는 누구든지 파악하기 쉬우나 장기적인
시야와 대응책이 없으면 불시에 재난을 당하게 된다고 경계하
는 말이다.

기업 경영에 있어서도 반년이나 일년의 계획뿐만 아니라, 중
장기의 비전이 없어서는 안 된다. 작금에는 국제 정세, 경제,
환경, 금융 정세 등도 눈부시게 발전하고 있다. 어느 정도 장기
적 관망과 대책을 강구하지 않고서는 존립에 대응하기가 어렵
다.

十月

過而不改　是謂過矣

1일

躬自厚 而薄責於人 則遠怨矣

**자기 자신에 대해서는 엄중하게 책하고, 남에 대해서는
가벼이 책한다면, 곧 원망으로부터 멀어질 것이다.**

자기 자신에게는 엄격하고 타인에게는 관용으로 대한다. 이
런 주의로 살면 남으로부터 원망을 사지 않을 뿐만 아니라, 자
기의 향상과 발전을 위해서도 대단히 필요한 태도이다.

기업이나 조직에서도 부하로부터 존경 받는 상사는 자기에
게는 엄격하고 부하 직원에 대해서는 관대한 사람이다. 이렇듯
타인에게 관대하기는 쉬우나, 자기 자신을 엄격하게 다스리는
일은 매우 어려운 수양이다. 진정한 리더가 되려면, 자신에게
엄격히 대처해야만 된다.

주

• 躬自厚(궁자후) : 자기 자신에게 엄중히 잘못을 책하는 것.
• 薄責(박책) : 잘못을 가벼이 책하다.

2일

> 不曰 如之何 如之何者
> 吾末如之何也已矣

**어떻게 할까. 어떻게 하면 될까 하고 애쓰지 않는 사람은
나도 어떻게 할 수가 없다.**

배움에는 학습 의욕이 가장 중요한데, 배우는 자가 그런 의
욕도 주체성도 없다면 가르치는 자 역시 어떻게 해 줄 수 없음
을 지적하고 있다.

공자는 제자들의 교육에 있어서 배우는 자의 열의와 의욕을
가장 중요시했다. 학생에게 지식욕과 향상욕이 없는 한 교사가
아무리 노력을 해도 교육 효과는 오르지 않는다. 분발하지 않
으면 계발도 없다[술이편]. 이와 비슷한 뜻을 가진 말이다.

주

• 如之何(여지하) : 어떻게 할까. 곧 올바른 방법이나 길을 추
　구하는 것. • 末(말) : 도리어 방법이 없음.

3일

> 羣居終日 言不及義 好行小慧
> 難矣哉

여럿이 하루 종일 함께 있으면서, 말이 의에 미치지 아니
하고 잔재주를 부리기를 좋아하면 곤란한 일이다.

많은 사람들이 모여서 하루 종일 어리석은 잡담으로만 시간
을 보내고, 진정으로 사람을 위하고 사회를 위하는 일을 논하
지 않는다는 것은 세월을 낭비하고 있는 것과 같다. 그런 군중
밖에 없다는 사실은 참으로 한심스러운 일이라고 한탄한 말이
다. 특정한 인명을 지적하고 있지는 않았지만, 아마 제자들이
모여서 와자지껄 떠들고 있는 모습을 딱하게 생각해서 한 말일
것이다.

주

• 小慧(소혜) : 작은 지혜. 잔재주. • 羣居(군거) : 여럿이 함께
지내다. 어울려 함께 지내다.

> 義以爲質 禮以行之 孫以出之
> 信以成之 君子哉

의로움을 바탕으로 삼고, 예로써 행하고, 공손한 태도로
말하고, 신의로써 이루어야만 군자이다.

군자는 덕을 갖춘 인격의 소유자를 이르는 말이다. 그러나
그런 사람을 찾아보기란 쉽지 않다. 그래서 공자는 세상에서
군자는 찾아보지 못했다. 정말 군자다운 사람을 만나보고 싶다
는 심경을 토로한 말이라 하겠다.

주

• 行(행) : 실천하다. 실행하다. • 孫(손) : 겸손. 겸양.
• 出(출) : 말로 표현하는 것.

5일

君子疾沒世而名不稱焉

군자는 죽은 뒤에 이름이 일컬어지지 않을까 걱정한다.

중국 속담에 '개관사정(蓋棺事定)'이란 말이 있다. 인간은 관 속에 들어가서야 비로소 그 진가를 알 수 있다는 뜻이다. 즉 사람의 일생은 죽은 후에야 평가가 정해진다는 말이다. 그런 의미에서 죽은 후에 그 이름이 알려지지 않는 것은 생전에 좋은 일을 하지 못했다는 증거이며 감복할 수 없음을 말함이다. 일생 동안에 무엇인가, 한 가지라도 사람들로부터 칭송을 받을 만한 좋은 일을 하지 못했다면, 죽어도 가치 있는 죽음을 못한 셈이 된다.

☞ 주 ☜

• 疾(질) : 괴로워하다. • 沒世(몰세) : 생애를 다하다.

6일

君子求諸己 小人求諸人

군자는 자기에게서 원인을 구하고, 소인은 남에게서 원인
을 구한다.

군자는 자기가 한 일에 대해서는 모든 책임을 진다. 잘 했던
지 잘못했던지, 군자는 남에게 전가하지 않고, 자기가 모든 책
임을 질 각오를 가지고 있다. 그러나 소인은 성과가 좋을 때는
자기 공적으로 하지만, 성과가 좋지 않을 때는 모두 남의 탓이
라고 생각하고, 책임을 다른 사람에게 전가한다.

7일

君子矜而不爭 羣而不黨

군자는 긍지를 지키나 다투지는 아니하고, 여럿이 어울리
면서도 편당하지 않는다.

근엄하고 공정한 사람은 자칫하면 타인에게도 그런 태도를
요구하기 때문에 논쟁하는 일이 가끔 있지만, 군자는 그렇지
않다. 엄숙한 자세는 유지하지만, 그것 때문에 사람들과 다투
는 일은 없다. 또 많은 사람들과 함께 있으면 호불호(好不好)
에 따라서, 사람들은 당파를 만들고 싶어하지만, 군자에 한해
서는 그런 일이 없다.

╶╼╪ 주 ╪╾╴

• 矜(긍) : 긍지를 갖다. • 羣(군) : 무리. 여럿이 어울리다.

君子不以言擧人 不以人廢言

군자는 말로써 사람을 천거하지 않고, 사람으로써 말을
버리지 않는다.

윗사람은 공평하고 냉정하지 않으면 안 된다. 듣기 좋은 발
언을 했다고 해서 서둘러 그 인물을 발탁하고, 나중에 너무 성
급했다고 후회하는 태도는 바람직하지 못하다.

또 상대의 지위나 신분이 낮으므로, 또는 평소의 행동이 나
빴다고 해서 그의 의견을 전적으로 거부한다는 것도 불공평하
다고 할 수 있다. 군자는 일시적인 기분이나 선입견에 따라 처
리하지 않음을 말한 것이다.

주

• 以言擧人(이언거인) : 말로써 사람을 천거하다.
• 以人廢言(이인폐언) : 사람으로써 말을 버린다.

9일

巧言亂德 小不忍則亂大謀

교묘하게 꾸미는 말은 덕을 어지럽히고, 작은 일을 참지 않으면 큰 계획을 어지럽힌다.

겉은 번드르하게 꾸미며 청산유수로 지껄이지만, 내용은 하나도 보잘 것 없는 변론이 있다. 훌륭한 찬사를 늘어놓고 아첨하지만, 이런 태도의 발언자는 물론, 듣는 사람의 덕성까지 해칠 따름이다. 사소한 곤란을 참지 못한다면, 어찌 방대하게 계획된 목표를 수행할 능력이 있겠는가. 전단과 후단은 직접 관련이 없지만, 모두 처세의 한 양식이라고 말할 수 있다.

10일

衆惡之 必察焉 衆好之 必察焉

여러 사람이 미워할지라도 반드시 살펴보아야 하며, 여러 사람이 좋아할지라도 반드시 살펴보아야 한다.

공자의 실증주의적 생존 방법을 설명하고 있다. 어쨌든 인간에 대한 세평은 반드시 올바른 것만은 아니다. 경솔하게 소문만을 믿지 말고, 자기의 눈과 생각으로 한번 더 확인한 후에 판단을 내리는 방법이 좋다.

매스컴이 발달한 오늘날에는 신문 방송 등의 뉴스 보도가 침소봉대(針小棒大)해서 정확도를 놓치는 경우가 있다. 특히 피의자의 보도에는 과장이 많다. 이를 유의해야 한다.

人能弘道 非道弘人也

사람이 능히 도를 넓힐 수 있으나, 도가 사람을 넓히는
것은 아니다.

도, 도덕, 도의 등은 추상적인 개념이며, 형체를 나타내지 않
는다. 그러나 이 추상적인 개념을 활용하고, 그것을 한층 더 넓
히는 것은 인간의 능력이다.

예를 들면, 인(仁)·의(義)·예(禮)·지(智)·신(信) 등의 덕
목은 공자라고 하는 인간의 힘에 의하여 세상에 널리 폈다. 그
가 그것을 설득하고 실행했기 때문에 이들 덕목은 더 한층 발
전한 것이다. 결국 여하한 도덕도 인간의 힘에 의하여 추진된
다는 사실이다.

주

• 弘(홍) : 넓히다. 넓혀서 크게 만듦.

過而不改 是謂過矣

잘못을 하고도 고치지 않는다면, 그것이 곧 잘못이다.

사람인 이상 잘못은 누구에게나 있다. 문제는 그 선후 조치이다. 잘못을 저질렀다고 깨달았을 때 보통 사람은 다음과 같이 대응한다.

① 작은 일이라고 내버려둔다.

② 자기 변호를 한다.

③ 반성하고 두 번 다시 과실을 범하지 않는다.

이 중에서 ① ②는 나쁜 태도이며, ③이 온당한 행동이다. 『논어』 학이편(學而篇)에 나타나 있는 '과즉물탄개[過則勿憚改 : 잘못이 있다면 고치기를 꺼리지 말라]'와 같은 취지의 타이름이다.

君子謀道 不謀食 耕也 餒在其中矣
學也祿在其中矣 君子憂道 不憂貧

군자는 도를 얻기를 꾀하지 먹을 것을 얻고자 꾀하지 않
는다. 농사를 지어도 그 가운데 굶주림이 있을 수 있으나
학문에 힘 쓰면 그 가운데 녹을 얻을 수 있다. 군자는 도
에 대해 걱정하지 가난함에 대하여 걱정하지 않는다.

정신적인 수양은 중요시하지만, 물질적인 처우에 대해서는
그다지 신경을 쓰지 않는 것이 진정한 군자의 태도이다.

주

• 耕也(경야) : 농사를 지음. • 餒(뇌) : 굶주리다(餓).

知及之 仁能守之 不莊以涖之
則民不敬

지혜가 미치고, 인으로 능히 그것을 지키고, 장엄한 태도
로 임하여도 백성을 움직이기를 예로써 아니하면, 아직
잘된 것은 아니다.

위정자나 군주의 정치 방법에 대해서 설명한 글이다. 적어도
군주라고 하면, 지(知) · 인(仁) · 장(莊) · 예(禮)의 네 가지 소
질을 갖추고 있지 않으면 완벽한 정치는 기대할 수가 없다.

≈주≈

• 莊(장) : 씩씩하다. 장엄하다. • 涖(리) : 임하다(臨).

君子不可小知 而可大受也

군자는 작은 일로 큰 일은 맡을 수 있다.

　군자는 작은 일로 알려져서는 안 되고, 소인은 그 반대로 큰 일은 맡을 수가 없으나 사소한 일은 알아서 할 것이라고 공자는 가르치고 있다.

　군자라고 해서 만능은 아니다. 사소한 것까지 알고 있는 것은 아니며, 작은 일을 시키기에는 아까운 존재이다. 천하 국가 사회에 관계가 있는 임무를 주어 적소에 쓰도록 하는 일이 군자의 위치이다.

주

- 小知(소지) : 작은 일로 알려지다. 하찮은 일을 알다.
- 大受(대수) : 큰 일을 받아들이다. 큰 일을 맡아 처리하는 것.

民之於仁也 甚於水火

백성들에게 있어서 인은 물과 불보다 더 중요한 것이다.

앞장의 글만 가지고는 이해하기가 어려울 것이라고 생각했는 지, 다음에 공자는 하나의 예를 인용하고 있다. "나는 물이나 불을 밟고 죽는 자는 보았지만, 아직 인을 밟고 죽는 자는 본 적이 없다."라고 보충 설명을 하고 있다. 물이나 불에 뛰어들어 죽은 사람은 본 적은 있으나, 인이나 덕에 뛰어들어 죽은 사람은 아직 본 적이 없다고 비유한 말이다.

인간은 인덕과는 끊을래야 끊을 수 없는 삶의 기본임을 말하고 있다.

주

• 民之於仁(민지어인) : 백성들에게 있어서 인은. 백성들의 인에 대한 것은.

當仁 不讓於師

인을 지킴에는 스승에게도 양보하지 않아야 한다.

'스승의 그림자는 밟지 않는다.'고 옛날부터 말하지만, 유교에서는 스승에게 양보하는 미덕을 가장 존중하고 있다. 그 스승에 대해서도 조금도 양보하지 않아야 한다고 말할 정도로, 공자가 인과 도의 실행을 얼마나 중요시하고 있었는가 하는 예를 알 수 있는 대목이다.

『논어』어디에서도 이와 같은 표현을 찾아볼 수 없다. 공자는 인덕을 지키는 일은 간단한 것 같지만, 매우 어려우므로 스승에게도 지지 않을 정도로 주력하라고 제자들을 격려한 말이다.

君子貞而不諒

군자는 바르고 굳으나 작은 신의를 고집하지 않는다.

'미생(尾生)의 고집'이라는 속담이 있다. 미생이라는 남자가 다리 밑에서 만나기로 약속한 애인을 기다리고 있었는데, 애인이 끝내 나타나지 않아 결국 홍수에 떠내려가서 죽고 말았다는 고사가 있다. 군자의 지조는 이것과는 다르다는 뜻이다.

주

• 貞(정) : 바르고 굳은 것. • 諒(량) : 작은 신의를 고집함.

事君 敬其事 而後其食

임금을 섬김에 있어 그 직무를 공경히 수행하고, 봉록은
뒤로 돌려야 한다.

공자 시대로부터 2천여 년이 지난 오늘날의 우리 나라에서
는 설득력이 없을지도 모른다. 요즈음 세상에서는 공무원이 일
반 샐러리맨은 우선 대우를 문제 삼는다. 일이 중요한 것이지
대우는 문제 삼을 것이 못된다고 생각하는 자는 거의 없을 것
이다. 소위 멸사봉공형의 사고방식을 젊은이에게 요구하는 것
은 무리이며, 대우를 도외시하고 사람을 채용한다는 일은 불가
능하다.

반면에, 자기의 기량을 과대평가하고, 터무니 없는 보수를
요구하는 고용인의 태도도 옳지 않다.

현재 우리 나라에서 자주 발생하는 노사 갈등에 있어서도
피차가 깊이 반성해 볼 필요가 있다고 생각된다.

주

• 食(식) : 여기서는 봉록을 말한다.
• 其事(기사) : 그의 일. 직무.

有敎無類

가르침에 있어서는 유별이 없다.

위 글만으로는 선문답 같아서 이해하기가 어렵다. 그래서 한자를 주로 사용하는 동양 3국(중국, 한국, 일본)에서도 여러 가지로 해석을 하고 있다. 몇가지 예를 들어 본다.

① 교육에 의한 차별은 있지만, 종류에 의한 차별은 없다. 누구든지 교육에 의하여 성장한다.

② 교육만이 중요한 것이며, 그 사람이 속하는 지위, 신분, 환경 등은 상관없다.

③ 빈천, 노약, 지위를 불문하고 모두 교육의 선악에 의해 지배된다.

주

• 無類(무류) : 유별이 없다. 사람의 신분이나 재능에 따른 구별을 두지 않고 누구나 가르친다는 뜻.

道不同 不相爲謀

길이 같지 않으면 서로 일을 계획하지 말아야 한다.

여행자를 비유하여 설명하고 있다. 동쪽을 향해 가는 사람과 서쪽을 향해서 가는 두 사람이 여정에 관해 아무리 타협해 보아도 목적지가 다르므로 신통한 해결책이 나올 리 없다. 이와 마찬가지로 인생행로에 있어서도 가령, 인덕을 목표로 하는 도학자와 돈을 벌려고 하는 상인과는 처세관도 철학도 다르므로 생존 방법에 대하여 상담해 봤댔자 일치점을 찾기 어려울 것이다. 그러므로 목적과 뜻이 갖지 않으면 처음부터 일을 계획하지 말아야 한다는 삶의 도움말이다.

주

• 道(도) : 길. 이 글에서는 지향하는 목적을 뜻함.

辭達而已矣

말이란 뜻을 전달할 뿐이다

공자는 능변보다 눌변, 다변보다는 말 수가 적은 편을 좋아했다. 『논어』 중에도 '교언영색선이인(巧言令色鮮矣仁)'과 같이 가끔 교언다변의 폐해를 설교하고 있다. 아마 그 자신의 성향이었겠으나 당시에는 소박한 언사보다도 미사여구가 횡행하며 사회를 혼란스럽게 만들었던 모양이다.

공자의 주장과 같이 언사는 화려하게 꾸미는 것보다 요점을 꼭 찍어서 간단 명료하게 하는 것이 효과적이다. 말이란 자기의 의사를 상대에게 바르게 전달되면 그것으로 충분하다.

23일

> 子張問曰 與師言之道與 子曰 然
> 固相師之道也

제자 자장이 물었다. "그것이 악사와 더불어 말하는 방법
입니까?" 하자, 공자는 이렇게 말했다. "그렇다. 그것이
진실로 악사를 도와 주는 길이다."

맹인 악사 면(冕)이 공자를 방문했을 때, 공자는 마중 나가
서 면을 안내하고, 계단 앞에 와서는 "계단입니다." 하고 가르
쳐 주고 방으로 안내하고는 "이 자리에 앉으세요." 하고 자리
에 앉기를 권했다. 그리고 제자들을 하나하나 친절하게 소개시
켰다. 앞도 못보는 맹인에게 그렇게 정중하게 대하는 모습을
보고 있던 제자 자장이 질문한데 대하여 공자가 위와 같이 대
답한 말이다.

주

• 師(사) : 악사(樂師). • 相(상) : 도와주다. 보조하다.

有國有家者 不患寡而患不均
不患貧而患不安 蓋均無貧 和無寡
安無傾

나라가 있고, 가정이 있는 자는 백성이 적은 것을 걱정하
지 않고, 고르지 않음을 걱정한다. 가난한 것을 걱정하지
않고 편안하지 않음을 걱정한다. 대체로 고르면 가난함이
없고 화합하면 백성이 적지 않게 되고, 편안하면 기울어
지는 일이 없다.

계씨(계강자)가 다른 나라(전유)를 공격할 때, 계씨의 가신으
로 있던 염유와 계로가 공자에게 와서 보고했다. 공자가 그것
을 부당한 일이라며 두 사람에게 타이르는 말이다.

주

• 安無傾(안무경) : 편안하면 기울어지지 않는다.
• 寡(과) : 백성이 적은 것. • 貧(빈) : 재물이 궁핍한 것.

> 天下有道 則政不在大夫 天下有道
> 則庶人不議

천하에 올바른 도가 행해지면 정권이 대부에게 있지 않
고, 천하에 올바른 도가 행해지면 일반 서민이 논란하지
않는다.

그 앞에서 공자는 이런 말을 하고 있다. "올바른 정치가 시
행되고 있을 때에는 국가의 대권과 명령은 모두 천자로부터 나
오고, 그것이 제후·대부, 심하면 일반 가신에 의해서 명령이
나온다면 그 정치는 오래 지속될 수 없다."

정치가 가신의 손에 쥐여져 있을 때에는 서민들의 대정부
비판은 끊이지 않는다는 뜻이다.

주

• 不議(불의) : 정치에 대하여 논란하지 않는다.

> 益者三友 損者三友 友直 友諒
> 友多聞 益矣 友便辟 友善柔
> 友便佞 損矣

유익한 세 가지 벗이 있고, 해가 되는 세 가지 벗이 있
다. 정직한 사람을 벗하고, 신의가 있는 사람을 벗하고,
견문이 넓은 사람을 벗하는 것은 유익하다. 편벽된 사람
을 벗하고, 남에게 아첨하는 자를 벗하고, 말을 잘 둘러
대는 사람을 벗하는 것은 해가 된다.

'익자삼우 손자삼우(益者三友 損者三友)'라는 격언의 고전
이 이것이다. 현재에도 적용되는 충고이며 친구를 사귈 때의
구체적인 칫수로 삼을 수 있는 요건이다.

주

• 諒(량) : 신의가 있는 사람. • 善柔(선유) : 아첨을 잘 하는
사람. • 多聞(다문) : 견문이 넓은 사람.
• 便佞(편녕) : 말을 잘 둘러대는 사람.

益者三樂 損者三樂 樂節禮樂
樂道人之善 樂多賢友 益矣 樂驕樂
樂佚遊 樂宴樂 損矣

유익한 즐거움이 세 가지 있고, 유해로운 즐거움이 세 가
지가 있다. 예악으로 절제함을 즐기고, 사람의 착한 점을
말하기를 즐기고, 어진 벗을 많이 갖기를 즐기면 유익하
다. 교만하게 쾌락을 즐기고, 편안하게 놀기를 즐기고,
연락으로 즐기면 해롭다.

즐김에도 유익한 것과 해로운 것을 가려 즐기도록 하여야
한다는 뜻이다.

주

• 道人之善(도인지선) : 남의 착한 점을 말하다.
• 佚遊(일유) : 하는 일 없이 놀기만 함.
• 驕樂(교락) : 교만하게 즐기다. • 宴樂(연락) : 주색과 향락.

言未及之而言 謂之躁
言及之而不言 謂之隱
未見顏色而言 謂之瞽

상대방이 아직 언급도 하지 않았는데, 말하는 것은 조급함이요, 상대방이 의견을 들어보려고 하는데 말하지 않음은 숨기는 일이다. 상대방의 안색을 살피지 않고 말함은 눈치가 없는 것이다.

윗사람을 섬길 때 범하기 쉬운 과실에 대하여 설명한 말이다. 공자는 이것을 세 가지 허물이라고 지적하고 있다.

주

• 言未及之(언미급지) : 말이 자기에 미치지 않다.
• 躁(조) : 조급하다. • 隱(은) : 속을 숨기는 것.
• 瞽(고) : 눈 멀다. 눈치가 없음을 뜻한다.

少之時 血氣未定 戒之在色
及其壯也 血氣方剛 戒之在鬪
及其老也 血氣旣衰 戒之在得

젊었을 때는 혈기가 아직 안정되어 있지 않으므로 여색을 경계하고, 장년기에는 혈기가 왕성하므로 싸움을 경계하고, 노년기에는 혈기가 이미 쇠신했으므로 이득을 경계해야 한다.

일생 동안 경계해야 할 세 가지 덕목을 공자는 '3계'라고 말하고 있다. 이것은 인생의 지침으로서는 대단히 구체적인 내용이다.

≫ 주 ≪

• 戒(계) : 경계. • 方剛(방강) : 한창 왕성하다. 바야흐로 강성하다. • 色(색) : 여색. • 得(득) : 이득(물욕, 명예욕)

30일

> 君子有三畏 畏天命 畏大人
> 畏聖人之言

군자에게는 세 가지 두려움이 있다. 천명을 두려워하고, 훌륭한 사람을 두려워하고, 성인의 말씀을 두려워한다.

이어서 공자는 이렇게 말하고 있다.

"소인은 천명을 모르기 때문에 두려워하지 않고, 훌륭한 사람도 함부로 대하고 성인의 말씀도 업신여긴다."

주

- 天命(천명) : 옛날에는 길흉순역(吉凶順逆)을, 오늘날은 하늘이 사람이나 물체에게 준 바른 이치라고 가리킨다. 쉽게 말하면 신이 인간에게 준 운명이나 사명이다.
- 大人(대인) : 도덕을 갖춘 훌륭한 인물. 윗사람을 뜻한다.
- 押(압) : 함부로 굴다. ● 侮(모) : 업신여기다. 우습게 알다.

31일

生而知之者 上也 學而知之者 次也
困而學之 又其次也 困而不學
民斯爲下矣

나면서부터 아는 사람은 최상이다. 배워서 아는 사람은
그 다음이다. 괴로움을 참아가며 애써 배우는 사람은 또
그 다음이다. 괴로움을 참아가며 애써 배우려고 하지 않
는 사람은 최하위다.

공자가 최상이라고 지적한 '生而知之者'는 천재를 말하는
데, 누구나 바랄 수 없는 최상이다. 될 수 있으면 두 번째인
'學而知之者'라도 목표로 함이 학자의 태도이다.

주

• 困(곤) : 괴롭다. 여기서는 괴로움을 참아가며 애씀을 뜻한다.
• 民斯爲下矣(민사위하의) : 백성으로서 최하위다.

十一月

唯上知與　下愚不移

1일

視思明 聽思聰 色思溫 貌思恭
言思忠 事思敬 疑思問 忿思難
見得思義

보는 데는 분명한 것을 생각하고, 듣는 데는 총명한 것을
생각하며, 안색은 온화한 것을 생각하고, 모습은 공손할
것을 생각하며, 말씨는 충실할 것을 생각하며, 일은 공경
을 생각하며, 의문은 질문할 것을 생각하며, 분함에는 어
려운 것을 생각하며, 이득을 보고는 의로움을 생각한다.

공자는 항상 이 아홉 가지를 염원하도록 노력하라고 가르쳤
다. 이것을 '구사(九思)'라고 한다.

주

• 聰(총) : 귀가 밝다. 총명하다. • 忠(충) : 충성. 충실하고 진
실된 것. • 貌(모) : 몸가짐. • 忿(분) : 성남. 분함.

2일

見善如不及　見不善如探湯
吾見其人矣

착한 것을 보면 미치지 못할 것같이 하고, 착하지 않은
것을 보면 끓는 물에 손이 닿는 것같이 하라. 나는 그런
사람을 본 적이 있다.

　바로, 그 다음 문장에는 숨어 살면서도 지조를 변하지 않고
정의를 관철하려고 할 정도로 의지가 강한 사람을 아직 만나
본 적이 없다고 공자는 지적하고 있다.

주

• 如不及(여불급) : 미치지 못할 것같이 하다.
• 探湯(탐탕) : 끓는 물에 손을 대다.

民到于今稱之 其斯之謂與

백성들은 지금까지도 그를 칭송하고 있다. 그것은 바로
이것을 두고 말한 것이다.

　제나라 경공이 죽었을 때에는 말을 4천 필이나 가지고 있었
으나 경공이 죽자 아무도 그를 칭송하지 않았다. 비록 백이·숙
제는 굶어 죽었지만, 지금까지 칭찬을 받고 있다는 내용이다.

ꙥ 주 ꙥ

• 『集註(집주)』에는 '誠不以富 亦祇以異' 진실로 부유하게 못
　하고, 다만 다르게 한 것이라는 말이 '其斯之謂與' 앞에 있어
　야 한다고 하였다. 곧 사람의 일컫는 바가 부유함에 있지 아니
　하고 다른 데 있다는 뜻이다.

問一得三 聞詩 聞禮
又聞君子之遠其子也

한 가지를 물었다가 세 가지를 터득하였다. 시를 들었고,
예를 들었고, 또 군자는 그 자식을 멀리 한다는 것을 들
었다.

진항(陳亢)이라는 사람이 공자의 아들 백어(伯魚)를 향하여
무슨 특별한 가르침을 아버지로부터 받았느냐고 물었다. 이에
백어는 "아니요. 시와 예를 배워야 한다고 마당가에서 말씀하
셨으므로 시와 예를 배웠습니다. 이 두 가지 뿐입니다."라고
대답했다. 그 대답에 감탄한 진항이 한 말이다. 가정교육을 정
훈(庭訓)이라고 하는 말은 여기서 유래된 것이다.

ꙮ주ꙮ

• 陳亢(진항) : 공자의 제자. 자는 자금(子禽)
• 伯魚(백어) : 공자의 아들. 이름은 리(鯉)

5일

陽貨欲見孔子 孔子不見 歸孔子豚
孔子時其亡也

양화가 공자를 만나고자 했지만, 공자는 만나지 않았다.
그는 공자에게 돼지를 보냈다. 공자는 그가 없는 틈을 타
서 사례를 하고 돌아왔다.

당시의 관습은 부재 중에 대부로부터 선물을 받았을 경우,
후일에 반드시 방문해서 답례를 하는 것을 예절로 삼았다. 공
자가 만나 주지 않으려고 하므로 양화는 이 관습을 이용했던
것이다. 양화는 공자의 등용을 권유하려고 만나고 싶어 했으
나, 공자는 그 때마다 적당히 사양하고 응하지 않았다.

❧주❧

• 陽貨(양화) : 이름은 호(虎). 자는 하(貨). 계씨(季氏)의 가신
이었는데, 이때 노나라 정권을 잡고 있었다.
• 歸(귀) : 선물을 보내다. 饋(궤)와 통함.
• 時其亡(시기망) : 그가 집에 없는 기회를 엿보다.

6일

性相近也 習相遠也

본성은 서로 가까운 것이지만, 습성이 서로를 멀어지게 한다.

인간의 선천적인 소질에는 그다지 차이가 없으나 후천적인 경우에 따라서 큰 차이가 생긴다고 하는 뜻이다. 그러므로 매일 조금씩이라도 좋으니까 학습하는 노력이 필요함을 역설하고 있다.

송나라 이후, 중국 초학자용(初學者用) 원전에 『삼천경(三千經)』이라는 책이 있다. 이 책의 첫머리에 '성본선 성상근 습상원(性本善 性相近 習相遠)'이라고 씌어 있다. 보통의 재능을 가진 범인을 힘 내게 해주는 경구라고 생각된다.

唯上知與下愚不移

오직 가장 지혜로운 사람과 가장 어리석은 사람은 변하지
않는다.

인간의 선천적 소질에는 별 차이가 없고, 교육이나 환경이나
학습 등에 의해서 진보도 퇴보도 될 수가 있다. 단, 예외가 있
으니 천재와 바보라는 차이다.

공자의 주장으로서는 앞의 '성상근 습상원(性相近 習相遠)'
설을 거듭 강조하고 있다. 이 장에서는 가장 지혜로운 자와 가
장 어리석은 자는 넘지 못할 장벽이 있음을 언급하고 있다.

☞ 주 ☜

• 移(이) : 옮겨가다. 바뀌어지다. 그 사람의 본성과 재능이 바뀌
   어지는 것.

割鷄 焉用牛刀

닭을 잡는 데 어찌 소를 잡는 칼을 쓰겠는가.

공자의 제자 자유가 벼슬 자리에 있는 무성(武城)이라는 곳을 방문했을 때, 현악을 연주하며 대대적인 환영 행사를 거행하자, 공자가 너무 성대하다고 생각되어 위와 같은 말을 했다. 그러자 자유는 이런 작은 고장을 다스리는데 저와 같은 사람을 배치한 것은 과분하여 선생님께서 비웃는 일인가 생각하고 공자의 말을 바로 잡으려 했다. 이에 공자는 놀라서 지금 한 말은 농담이었다고 웃으며 취소한다고 했다.

주

• 割鷄(할계) : 닭을 잡다.
• 武城(무성) : 노나라의 작은 고을 이름

9일

> ## 夫召我者 而豈徒哉 如有用我者
> ## 吾其爲東周乎

도대체 나를 부르는 사람이라면 어찌 부질없이 그렇겠느냐. 만약 나를 써줄 사람만 있다면, 나는 그 나라를 동쪽의 주나라로 만들 것이다.

계씨의 가신 공산불요(公山弗擾)가 비(費)라는 지방을 점거하고 반란을 일으켰을 때, 공자를 초청했다. 거기에 응하려는 공자에게 자로가 반대하며 왜 반란군에 가담하려고 합니까? 불평을 했다. 이에 대하여 공자는 위와 같은 답변을 했다. 이때 공자의 심경은 나를 부르는 자라면 어찌 하찮은 사람이겠는가? 만일 나를 등용하는 자가 있다면, 그 곳을 훌륭한 동주(東周)와 같은 나라를 건설해 보겠다는 야심이 있었음을 보여준다.

주

• 東周(동주) : 동쪽 주나라. 노나라는 동쪽에 있었으므로 거기에 주나라 초기의 흥성했던 때와 같은 나라를 건설하겠다는 뜻.

10일

> 恭則不侮 寬則得衆 信則人任焉
> 敏則有功 惠則足以使人

공손하면 모욕을 당하지 않고, 관대하면 여러 사람들의
지지를 얻게 되고, 신의가 있으면 남들이 일을 맡기고,
민첩하면 공적이 있고, 은혜로우면 사람을 부릴 수 있다.

제자 자장이 '인이란 어떤 것인가'라고 질문했다. 공자는 공
(恭)·관(寬)·민(敏)·혜(惠)의 다섯 가지 덕목을 천하에 실천
하는 일이라고 단언하고 있다.

주

• 侮(모) : 업신여기다. 모욕하다. • 功(공) : 공로. 공적.
• 得衆(득중) : 여러 사람을 얻음. 여러 사람이 따름.
• 人任(인임) : 남이 믿고 일을 맡김.

好仁不好學　其蔽也愚
好知不好學　其蔽也蕩

인을 좋아하면서 배우기를 좋아하지 않으면, 그 폐단은 어리석어지고, 지식을 좋아하면서 배우기를 좋아하지 않는다면, 그 폐단은 방탕해진다.

　자로에게 여섯 가지 덕목에 대해 배우기를 좋아하지 않기 때문에 생기는 폐해를 가르친 말이다. 이어서 공자는 이렇게 말하고 있다. 믿음[信]을 좋아해도 배우지 않으면, 맹신에 빠져서 사람을 해친다. 곧음[直]을 좋아하면서 배우지 않으면 성급하게 사람을 책하고 여유롭지 못하다. 용기[勇氣]가 있어도 배우지 못하면 난폭해진다. 강직[剛直]하고 배우지 못하면 과격해 지고 광기에 사로잡힌다.

주

• 蕩(탕) : 방탕한 것. 거침없이 멋대로 행동하는 것.

人而不爲周南召南
其猶正牆面而立也與

사람으로서 「주남」과 「소남」을 공부하지 않는다면, 그것
은 마치 담을 마주하고 서 있는 것과 같다.

공자가 아들 백어(伯魚)를 향하여 『시경』을 공부하라고 권
유하면서 한 말이다. 주남(周南), 소남(召南)은 『시경』 국풍(國
風) 첫머리에 나오는 두 편의 시를 말한다. 국풍이란 제후 각
국의 가요를 수집한 책이다. 공자는 교양의 필독서로서 『시경』
을 추천하고 있으며, 자식에게도 권유하였다.

주

• 爲(위) : 공부하다. 學의 뜻.
• 正牆面(정남면) : 바로 담을 대하는 것.

13일

禮云禮云　玉帛云乎哉
樂云樂云　鐘鼓云乎哉

예다. 예다. 이르는 말이, 어찌 옥과 비단을 뜻하는 것이
겠는가. 악이다. 악이다. 말하지만, 어찌 종과 북을 말하
는 것이겠는가.

　세상에서는 필요 이상으로 예의를 외친다. 그러나 그 예의라
는 것은 금품을 보내는 종류 따위가 아니다. 공경하는 마음이
우선 되지 않으면 안 된다. 악이다. 악이다. 하지만, 종이나 북
따위가 음악은 아니지 않는가. 음악의 정신과 분위기가 무엇보
다 중요하다. 요컨대, 예나 음악은 형식보다도 우선 정신이 중
요하다는 점을 강조하고 있다.

주

• 云(운) : 이렇다, 저렇다고 말하는 것.
• 玉帛(옥백) : 옥은 규장(圭章)같은 예기. 백은 속백(束帛)같
　　　은 예물. 모두 옛날 제후들이 의식과 예·외교를 할 때
　　　주고받던 물건.

14일

色厲而內荏 譬諸小人
其猶穿窬之盜也與

얼굴빛은 위엄이 있으면서 속이 유약한 것을 소인들에게
비유하면 마치 벽을 뚫고 담을 넘는 도적과 같다.

걸은 대단히 믿음직스럽게 보이지만 내용이 엉망인 인간은
아무 쓸모가 없다. 그것을 비웃는 평언이다. 공자는 이런 종류
의 만용을 부리는 인간, 허풍을 떨며 사람을 위압하는 인간을
혐오하고 있다. 그러므로 노골적으로 비웃는 평가를 한 것이
다.

주

• 厲(려) : 위엄이 있는 모양. • 內荏(내임) : 마음이 유약함.
• 穿(천) : 벽을 뚫다. • 窬(유) : 벽을 타고 넘다

15일

鄕原 德之賊也

한 고을에서 겉으로만 올바른 듯이 행세하는 사람은 덕을
해치는 자이다.

향원(鄕原)이란, 향당(鄕党)의 속인들로부터 인기를 얻기에 급
급한 사람을 말한다. 이렇다 할 결함은 없으나 특별히 쓸모도
없는 팔방미인을 지적한 말이다. 이러한 사람은 주견없이 날뛰
고 세속에 아첨하여 도리어 덕을 헤치는 사람이라고 하였다.

유학자는 이런 향원을 위선자라고 간주하고 있다. 그러므로
덕의 도적(盜賊)이라고 하는 뜻이다. 맹자(孟子)의 『진심하편
(盡心下篇)』에서도 향원을 공격하는 대목이 나온다.

주

• 鄕原(향원) : '鄕'은 한 고을, 原은 愿(원)과 같다. 말과 행동
  이 달라 겉으로만 바르고 선하다.

道聽而塗說 德之棄也

길에서 듣고 길에서 말하는 것은 덕을 버리는 일이다.

'도청도설(道聽塗說)'이란, 얻어들은 지식을 직접 확인해 보지도 않고, 납득이 가지 않는 내용을 그대로 타인에게 전함을 말한다.

순자(荀子)「권학편」에 구이학(口耳學)이란 경구가 있다. 소인의 학(小人學)은 귀로 들어가서 입으로 나온다. 구이학은 즉 네치(四寸) 뿐이라고 비유해서 말하고 있다.

공자의 도청도설도 순자의 구이학과 같은 내용이다.

≫≫주≪≪

• 塗(도) : 길. 塗는 途(도)와 통함. • 棄(기) : 버리다.

鄙夫可與事君也與哉

비속한 사람과 함께 임금을 섬길 수가 있겠는가.

그 이유로서 공자는 다음과 같이 설명하고 있다.

① 목표로 하는 지위나 대우를 얻지 못하는 동안은 오로지 그것만을 획득하려고 서둘러 허둥댄다.

② 일단 그 지위나 대우를 얻은 다음에는, 그것을 지키기 위해서 안간힘을 쓴다.

③ 따라서 그것을 보전하기 위해서는 무슨 짓인들 못하겠는가. 갖은 수단을 다해서 자리 지키기에 연연할 것이 아닌가.

이와 같이 항상 타산이 앞서고 이상이나 도덕심이 없는 소인배와는 함께 하기가 어렵다는 뜻이다.

≈ 주 ≈

• 鄙夫(비부) : 비속한 사람. 비열한 사람. 비루한 남자.

古者民有三疾 今也或是之亡也

옛날 사람에게는 세 가지 병폐가 있었다. 지금은 그것이 없어진 듯하다.

세 가지 결점이란 광(狂) · 긍(矜) · 우(愚)이다. 이어서 공자는 이렇게 논평을 전개하고 있다.

옛날의 광(狂)은 과격하고 분방한 행동이었다. 지금의 광은 제멋대로 행동한다. 옛날의 긍(矜)은 완고한 중에서도 고지식하였으나, 오늘날의 긍은 화를 내고 부딪친다. 옛날의 우(愚)는 어리석으면서도 어딘가 솔직함이 숨겨져 있었으나, 오늘날의 우는 이를 숨기고 사람을 속이려고 한다. 당시의 세상 모습을 비판하고 있는 말이다.

주

• 古者(고자) : 옛 사람 • 疾(질) : 병폐. 폐단. • 亡(망) : 없다.

19일

天何言哉 四時行焉 百物生焉
天何言哉

하늘이 무슨 말을 하더냐. 네 계절이 운행되고 있고 만물
이 생장하고 있지만, 하늘이 무슨 말을 하더냐.

언젠가 공자는 이제 아무것도 말하고 싶지 않다고 심정을
토로했다. 그러자 제자 자공이 놀라서, "선생님이 아무 말씀도
하지 않으시면 우리들은 어떻게 배우고 전하겠습니까. 제발 말
씀을 해주세요." 하자, 이에 대해서 공자가 한 말이다.

주유천하하고 고향으로 돌아온 공자는 아들 리(鯉)를 잃고,
제자 안회와 자로를 잃고, 그의 신변은 형언할 수 없는 적막감
에 휩싸였다. 이 모든 변화에도 불구하고 우주는 아무런 지장
없이 정묘하게 운행되고 있음을 인간의 운명과 비유하고 있다.
이제 말로는 가르칠 것이 무엇이 더 있겠는가. 공자 만년의 감
정을 술회한 글이다.

飽食終日 無所用心 難矣哉
不有博奕者乎 爲之 猶賢乎已

하루 종일 배불리 먹고 마음 쓰는 데가 없다면 어려운 노
릇이다. 장기와 바둑이 있지 않느냐. 그런 것이라도 하는
게 오히려 그치는 것보다 나을 것이다.

아무 일도 하지 않고 무위도식 허송 세월하는 사람을 경계
한 말이다. 특히 노년기에 이같이 무위도식하는 생활 태도는
치매를 재촉할 뿐이다. 사람은 죽을 때까지 되도록 몸을 움직
이고 머리와 마음을 써야만 보람 있는 인생을 마무리 할 수 있
다는 충언이다.

주

• 難(난) : 어렵다. 곤란하다. • 博(박) : 장기. • 奕(혁) : 바둑
• 賢乎已(현호이) : 그치는 것보다는 현명하다. 안 하는 것보다
는 낫다.

21일

> 君子義以爲上 君子有勇而無義 爲亂
> 小人有勇而無義 爲盜

군자는 정의를 가장 높이 숭상해야 한다. 군자가 용기만
있고 정의가 없으면 난동을 부르게 된다. 소인이 용기만
있고 정의가 없으면 도적질을 하게 된다.

　용기가 남달리 많은 자로가 군자는 용기를 숭상하느냐고 공
자에게 질문했다. 이에 대해서 공자는 용기도 물론 중요하지
만, 그것보다도 정의감이 우선되어야 함을 논한 말이다.

주

• 爲上(위상) : 으뜸으로 삼다. 가장 높이 숭상하다는 뜻.

> 惡稱人之惡者 惡居下流而訕上者
> 惡勇而無禮者 惡果敢而窒者

남의 악한 것을 들추어 내는 사람을 미워하며, 낮은 자리
에 있으면서 윗자리에 있는 자를 비방하는 사람을 미워하
며, 무례한 사람을 미워하고, 과감하면서도 막힌 사람을
미워한다.

제자 자공이 "선생님께서도 미워하는 사람이 있는가?"고 질
문한데 대한 공자의 대답이다. 자공이 타인의 지혜를 훔쳐서
아는체 하는 자, 오만하고 불손한 것을 용기로 착각하고 있는
자, 남의 비밀을 들추어 내고 정의파인 척하는 자를 미워한다
고 말했다.

주

• 稱(칭) : 떠들어 대다. 들추어 내다. • 訕(산) : 비방하다.
• 居下流(거하류) : 낮은 자리에 있는 것.
• 窒(질) : 막히다. 통하지 않다.

唯女子與小人 爲難養也
近之則不孫 遠之則怨

여자와 소인은 다루기가 어렵다. 가까이 하면 불손하게
굴고 멀리 하면 원망한다.

유명한 경구이기는 하지만, 현대적인 시각에서 볼 때는 비판
을 받을 만한 구절이다. 남녀평등의 관점에서 보더라도 여성과
소인을 동등시하는 점은 좋지 않다. 현대 여성으로부터는 어째
서 여자를 무시하느냐고 반박해도 변명할 여지가 없을 것이다.
그러나 옛날, 여성을 열등시하던 봉건시대의 중국에서는 어쩔
수 없는 발언이었다고 생각된다.

年四十而見惡焉 其終也已

나이 40세가 되어서도 미움을 받으면, 그는 마지막이다.

공자 시대에는 40세라고 하면 분별력이 뚜렷할 뿐만 아니라, 육체적으로도 인생의 종착역에 가까운 세대이었다. 그러므로 『논어』 위정편(爲政篇)에 자신의 인생을 회고하는 대목에서 그는 '四十而不惑'이라고 술회했다.

그와 같은 공자의 눈으로 보면, 40세가 되어서도 주의 사람들로부터 미움을 받는 입장이라면, 이미 가망이 없는 인생이라고 생각하지 않을 수 없었을 것이다. 나이에 상응하는 성장과 수양은 역시 중요한 삶의 과정이다.

≈≈ 주 ≈≈

• 見惡(견오) : 밉게 보다. 미움을 받다.
• 終也已(종야이) : 끝장이다. 마지막이다. 고쳐지지 않는다.

微子去之 箕子爲之奴 比干 諫而死
孔子曰 殷有三仁焉

미자는 떠나가고, 기자는 종이 되고, 비간은 간하다가 죽
었다. 공자는 말하기를 은나라에는 세 사람의 인자가 있
었다고 하였다.

은나라의 주왕은 유명한 폭군이었다. 세 명의 중신은 각각
주왕을 간했지만, 조금도 귀를 기울이지 않았다. 그 후 세 사람
은 각각 다른 대응을 하였다. 공자는 이 세 사람의 대응을 동
등하게 취급하고 똑같은 평가를 내려, 그 우국의 지정을 칭찬
했다.

❖주❖

• 去之(거지) : (나라를) 떠나다. • 爲之奴(위지노) : 노예가
     되다. • 微子(미자) : 은나라 주왕(紂王)의 서형. 여러
     번 간하여도 듣지 않자, 벼슬을 버리고 숨어 살았다.
• 箕子(기자) : 주왕의 숙부. 주왕의 무도함을 간하다 잡혀 종노
     릇을 하였다. • 比干(비간) : 주왕의 숙부. 주왕을 격렬
     히 비판했기 때문에 처형되었음.

直道而事人 焉往而不三黜
枉道而事人 何必去父母之邦

곧은 도리로 사람을 섬기다 보면, 어디를 가든 세 번은
쫓겨나지 않겠소? 정도를 굽혀가며 사람을 섬길 바에야,
어찌 꼭 부모의 나라를 떠나야 한단 말이요.

  유하혜가 노나라의 법무관으로 근무할 때 정도를 지키려고
상관에게 직언을 했기 때문에, 세 번이나 면직을 당했었다. 이
것을 보고 어떤 사람이 그래도 다른 나라로 가지 않는가! 하고
물었다. 이에 대한 유하혜의 반론이다.

≫≫ 주 ≪≪

• 柳下惠(유하혜) : 공자보다 한 세대 전의 노나라의 대부.
• 黜(출) : 내 쫓김을 당함. 물리침을 받는 것
• 焉往(언왕) : 어디를 간들. • 枉道(왕도) : 굽은 도. 도를 굽
  히다.

鳳兮 鳳兮 何德之衰 往者不可諫
來者猶可追 已而 已而
今之從政者殆而

봉이여, 봉이여, 어찌하여 덕이 쇠하였는고. 지난 일은
탓해도 어쩔 수 없지만, 앞 일은 쫓아갈 수 있는 것. 그
만두어라 그만두어. 지금의 정치에 종사하는 것은 위태롭
다네.

초나라 미치광이 접여(接與)가 공자를 타이르는 가요. 노래
가 말하고자 하는 뜻은, 이런 난세에 공연히 나서지 말고 단념
하여 빨리 은둔자가 되라. 정치에 가담하지 말라는 충고다.

≫≫ 주 ≪≪

• 鳳(봉) : 여기서는 공자를 가리킴. 전설적인 새.
• 諫(간) : 잘못을 얘기하다. 탓하다.
• 可追(가추) : 쫓을 수 있다. 올바로 행할 수 있다.
• 已而, 已而(이이이이) : 그만두어라. 已는 끝내다.

鳥獸不可與同羣
吾非斯人之徒與而誰與 天下有道
丘不與易也

새나 짐승과는 함께 떼지어 살 수 없다. 내가 이 세상 사
람들과 무리가 아니라면, 누구와 함께 살 수 있겠는가.
천하에 도가 있다면, 나는 구태여 바꾸려 들지도 않았을
것이다.

장저(長沮)와 결익(桀溺)이라는 두 은자가 밭을 갈고 있는
옆을 지나다가, 공자는 자로를 시켜서 강을 건너기 위해서 나
루터를 물어오라고 했다. 그러나 두 사람은 가리켜 주지 않고
공자에게 은퇴할 것을 권유했다. 그 때의 공자의 반론이다.
   공자는 천하를 주유할 때, 즉 애공 4년 진나라에서 채나라로
이듬해 다시 섭나라로 옮겼다. 얼마 후 공자 일행은 다시 채나
라로 이동하던 도중에서 일어났던 일이다.

주

• 與同羣(여동군) : 함께 어울려 살다. 무리지어 살다.
• 斯人之徒(사인지도) : 세상 사람들. 사람의 무리.

29일

> 欲潔其身 而亂大倫 君子之仕也
> 行其義也 道之不行 已知之矣

자기 몸만을 깨끗이 하고자 한다면, 큰 인륜이 어지럽게
된다. 군자가 벼슬살이하는 것은 그 의로움을 행하려는
것이다. 도가 행하여지지 않는다는 것은 이미 알고 있는
일이다.

공자와 은자와의 인생을 보는 차이가 명백히 들어난 모습이
엿보여 재미있다. 스승의 뜻을 알고 있는 자로가 은자의 삶을
비판하며, 이런 말을 했다. "벼슬을 하지 않는 것은 의로운 것
이 아닙니다. 어른과 아이의 예절도 폐할 수 없는 일인데, 하물
며 임금과 신하의 의를 어찌 폐할 수 있습니까?"

이에 공자는 세상을 피하여 숨어 살면서 자신의 고결함 만
을 지키려 하지 말고, 좀더 뜻을 넓혀 실천하도록 노력하라는
충고의 말이다.

주

• 大倫(대륜) : 위대한 윤리. 임금과 신하 사이의 윤리를 가리킴.

我則異於是 無可無不可

나는 이들과 다르니, 옳은 것도 옳지 않은 것도 없다.

당시 세상을 등지고 은둔하며 현인이라고 일컬은 백이, 숙제, 우중(虞仲), 이일(夷逸), 주장(朱張), 유하혜(柳下惠), 소련(少連) 등이 있었다. 공자는 백이와 숙제는 지조를 굽히지 않고 몸을 욕되게 하지 않았다고 평했다. 유하혜와 소련은 때를 가리지 않고 뜻을 굽혀 가면서 몸을 더럽혔지만, 언행이 훌륭했다고 평했다. 우중과 이일은 제멋대로 망언은 했지만, 알맞은 때에 벼슬을 버렸다고 평했다. 그리고 최후에 자기의 삶에 대해서 위와 같이 말한 것이다.

주

• 無可(무가) : 꼭 그래야 한다는 게 없다. 꼭 벼슬해야 한다는 것도 아니다.

十二月

小人之過也 必文

1일

> 君子不施其親 不使大臣怨乎不以
> 故舊無大故則不棄也 無求備於一人

군자는 자기 친족을 버리지 아니하며, 대신들로 하여금
써 주지 않는다고 원망하지 않는다. 오래 함께 일한 사람
이 큰 사고가 없다면 버리지 아니하며, 한 사람에게 모든
것을 다 갖추기를 구하지 않는다.

주공(周公)이 노나라를 임명 받았지만, 주나라 정사가 바빠
서 가지 못하게 되자, 그의 아들 백금(伯禽)을 보내게 되었다.
이 글은 주공이 아들 백금에게 타이르는 말이다. 위정자로서의
올바른 통치를 설명한 교훈이다. 후일 백금은 노나라의 시조가
되었다.

주

• 施(시) : 버리다. 유기하다.   • 不以(불이) : 써주지 않다.

子張曰 士見危致命 見得思義
祭思敬 喪思哀 其可已矣

자장이 말하기를 "선비가 위급함을 보면 목숨을 내놓고,
이득을 보면 의를 생각하고, 제사는 공경함을 생각하고
상을 당해서는 슬픔을 생각한다면, 그만하면 되는 것이
다."고 하였다.

공자의 제자 자장이 선비의 자질을 논한 말이다. 선비란 본
래는 훌륭한 남자를 지칭하는 말이지만, 여기서는 벼슬을 가리
킨다.

주

• 致命(치명) : 목숨을 버림. 목숨을 내놓음.
• 其可已矣(기가이의) : 그것으로 되었다. 기본은 되었다.

執德不弘 信道不篤 焉能爲有
焉能爲亡

덕을 지키되 넓게 하지 못하며, 도를 믿되 도탑게 하지
못하면, 이런 사람을 어찌 덕이 있다 없다고 하겠는가.

자장의 말이다. 지켜야 할 덕은 되도록 광범위하게, 또 도를
배웠으면 독실하게 믿어야 한다. 덕이니 도니 하지만, 그것이
실제로 나타나지 않는다면, 어떻게 지니고 있다 없다 할 수 있
겠는가. 그것의 유무 경중을 논할 가치가 없다는 의미로 있으
나 없으나 하다는 뜻이다.

주

• 執德(집덕) : 덕을 지키다. • 不弘(불홍) : 넓히지 못하다.

君子 尊賢而容衆 嘉善而矜不能

군자는 현명한 사람을 존경하나 일반 사람들을 포용하고,
착한 사람을 칭찬하고, 그렇지 못한 사람을 불쌍히 여긴
다.

　자하의 제자가 자장에게 타인과의 교제에 대하여 물었다. 자
장이 너희 스승은 뭐라더냐고 반문하자, 좋은 사람과는 사귀고
나쁜 사람과는 사귀지 말라 하더라고 대답했다. 이에 대해서
자장은 내가 공자에게서 배운 것과는 조금 다르다고 말하고,
이어서 위와 같은 말을 가르쳐 주었다. 자장은 자기 자신이 확
고하면 어떤 인물도 포용할 수 있다고 생각하고 있었다.

~~~ 주 ~~~

● 嘉善(가선) : 착한 사람. ● 矜(긍) : 동정하다. 불쌍히 여기다.

5일

> ## 雖小道 必有可觀者焉 致遠恐泥
> ## 是以君子不爲也

비록 작은 재주라 할지라도 반드시 볼 만한 것이 있다. 그러나 원대한 뜻을 이루는 데 통하지 않을까 두려워 군자는 이를 하지 않는 것이다.

이단의 설이나 속설이라도 어딘가 쓸모가 있는 것이니까 덮어놓고 무시할 수 없다는 뜻이다. 그러나 거기에 너무 구애되면 큰 목표에 도달할 수가 없다. 자하(子夏)의 말이다.

≈주≈

- 小道(소도) : 작은 재주. 한 가지 전문적인 특기.
- 泥(니) : 들어붙다. 통하지 않다.
- 致遠(치원) : 달성하다. 먼 데까지 이르다.

> 日知其所亡 月無忘其所能
> 可謂好學也已矣

날마다 모르던 것을 알아가고, 달마다 할 수 있는 바를
잊지 않는다면, 배우기를 좋아한다고 말할 수 있다.

   여기서 날과 달을 따로따로 말한 것은 하나의 비유이며, '끊
임없이 항상'이란 뜻이다. 요컨대 학문을 하려면 끊임없이 자
기의 부족한 점을 자각하여 배운 것을 잊어버리지 않도록 노력
하는 마음가짐이 중요함을 강조하고 있다.
   자하가 말한 것으로 되어 있지만, 「후한서」에 의하면 이것
은 공자 자신의 말이라고 한다.

주

• 其所亡(기소망) : 모르는 것. 없던 것. 알지 못하던 것.

7일

> 子夏曰 博學而篤志 切問而近思
> 仁在其中矣

자하가 말하기를, 배움을 넓게 하고 뜻을 독실하게 하면, 절실히 묻고 가까운 것부터 생각한다면, 인이 그 가운데 있다.

박학(博學), 독지(篤志), 절문(切問), 근사(近思), 이 네가지는 다 배우고, 묻고, 생각하고, 분별하는 것이므로 이와 같은 태도로 학문을 계속하면 실천적인 깨달음이 몸에 붙게 된다. 학문이란 심원한 이상만을 추구하는 것도 아니며 추상적인 의논에 매달리지도 않는다. 절실한 문제나 신변에 가까운 일상을 구명하는 일이 중요하다. 남송(南宋)의 『대유(大儒)』, 주자(朱子)의 『근사록(近思錄)』은 윗글에서 제목을 딴 것이다.

주

• 篤志(독지) : 뜻이 돈독하다. 바르고 굳건한 뜻을 지니다.
• 切問(절문) : 잘 모르는 것을 절실하게 묻고 추구하는 것.
• 近思(근사) : 가까운 데서 생각하다. 곧 자기에게 가까운 가능한 일부터 생각하며 일을 해 나가는 것.

> 子夏曰 百工居肆 以成其事
> 君子學以致其道

자하는 말하기를, 모든 공인들은 일터에 있으면서 그들의
일을 이룩하고, 군자는 배움으로써 그들의 도에 이르게
된다.

일터에는 그 일을 완성하기 위한 필요한 시설과 도구가 갖
추어 있다. 이와 같이 학문의 장소에는 도를 습득하고, 자기를
향상시키는 교재들이 준비되어 있다.

주

• 肆(사) : 작업장. 점포. 肆의 본래의 뜻은 진열하다는 뜻이므
로 점포라고도 할 수 있다. 여기서는 일터로 풀이했다.
작업장에서는 물건을 만들고 진열하고 팔기도 한다.
• 致(치) : 이르다. 구현하다.

子夏曰 小人之過也 必文

자하가 말하기를, 소인은 잘못을 저지르면 반드시 꾸미려 한다.

잘못하거나 실패했을 때 이를 변명하거나 꾸미면서 속이려고 하는 것을 '문(文)'이라고 한다. 잘못은 누구나 저지를 수 있는 행위다. 그러나 소인은 그 과실을 솔직히 자신의 잘못으로 인정하지 않고 변명을 늘어놓으며 속이려고 애쓰며, 한편으로 고치려고 하지 않으므로 진보 향상을 바랄 수 없다. 때로는 제2, 제3의 과실을 중복하게 된다. 과실이나 실패를 솔직히 인정하고, 그것을 고쳐 나아감으로써 인간으로의 향상도 기대할 수 있다는 뜻이다.

주

• 文(문) : 꾸미다. 분식하다. 잘못을 얼버무리다.

10일

君子有三變 望之儼然 卽之也溫
聽其言也厲

군자에게는 세 가지 변함이 있다. 멀리서 바라보면 근엄
하게 느껴지고, 가까이 다가가면 온화하고, 그 말을 들으
면 엄정하다.

이것은 제자 자하가 스승인 공자의 인품을 평한 말이다.
『논어』 술이편(述而篇)에 '子溫而厲 威而不猛 恭而安'과
일맥상통하는 평어이다.

멀리서 보면 엄하게 느끼는 것은 위엄이 있기 때문이고, 접
해 보면 온화한 것은 정이 깊은 까닭이며, 언어에서 격함을 느
끼는 것은 의지가 강하기 때문이다.

주

• 儼然(엄연) : 엄숙한 모양. 근엄한 것 같다.
• 厲(려) : 사나운 것. 엄정하다.
• 卽之(즉지) : 그를 가까이 하다.

> 君子信而後勞其民
> 未信則以爲厲己也 信而後諫
> 未信則以爲謗己也

군자는 미덥게 한 뒤에 그 백성을 부려야 한다. 아직 믿음이 없는데 일을 시키면 자기를 해친다고 한다. 미덥게 한 뒤에 충고해야 한다. 아직 믿음이 없는데 충고하면 자기를 비방한다고 한다.

무엇을 하던지, 우선 상대의 신뢰를 얻는 것이 중요하다고 가르치고 있다. 자하의 말이다.

주

• 信(신) : 뜻을 정성스럽게 하고 측은히 여기면 사람이 믿는다.
• 厲(려) : 학대하다. 해치다. • 謗(방) : 비방하다.

12일

子夏曰 大德不踰閑 小德出入可也

자하가 말하기를, 큰 덕이 그 한계를 넘지 않는다면, 작은 덕은 더하고 덜한 것이 있어도 괜찮은 것이다.

큰 덕이란 효제(孝悌)라든가, 인·의·예·지·신(仁義禮智信)과 같은 근본적인 덕목을 말한다. 작은 덕이란 일상의 언행이나 용모, 복장 등의 규칙이나 관습이라고 생각하면 된다. 우리가 사회생활을 하는 이상 모든 행동에 일정한 규범은 필요한 것이다. 그러나 작은 규제에 너무 얽매이다보면 숨이 막혀서 곤란하다.

주

• 大德(대덕) : 큰 덕. 큰 윤리. • 踰(유) : 넘다.
• 閑(한) : 문지방으로 안팎을 구분하는 한계를 가리킴.
• 出入(출입) : 나가고 들어가는 것. 더하고 덜한 것.

子夏曰 仕而優則學 學而優則仕

자하가 말하기를, 벼슬하면서도 여력이 있으면 배우고,
배우고 여력이 있으면 벼슬을 해야 한다.

벼슬을 하면서 틈틈이 학문을 연마하면 그에 의해서 직무
수행이 쉬어진다. 또 학문을 하면서 관직에 임하면 배운 것
을 실천에 옮기기가 쉽다. 공자의 가르침은 학문과 정치를
분리해서 생각하지 않는다. 학문은 도를 터득하기 위해서 필
요한 자기 수양이며, 벼슬(정치)은 배운 것을 실천에 옮기기
위한 수단이라고 보고 있기 때문이다.

주

• 仕(사) : 벼슬살이. • 優(우) : 넉넉하다. 여력이 있는 것.

14일

子游曰 喪致乎哀而止

자유가 말하기를, 상을 당했을 때는 슬픔을 다하는 데서
그쳐야 한다.

상을 입었을 때는 마음으로부터 애도의 뜻을 표하는 태도가
무엇보다도 중요하며, 그 이외의 형식적인 일이나 무관계한 일
로 여러 가지 쓸데 없는 노고를 할 필요가 없다.

장례식 절차에 있어서 지나치게 번다하거나 화려하게 하려
고 애쓰는 것을 경계한 말이다.

주

• 致(치) : 다하다. • 止(지) : 그치다. 그 외에 지나친 짓은 하
지 않는다.

15일

子游曰 吾友張也 爲難能也
然而未仁

자유가 말하기를, 나의 친구 자장은 어려운 일을 해내지
만, 그러나 아직은 어질지 못하다.

자유가 동문인 자장을 논평한 말이다. 그러나 단지 비난하고
있는 뜻이 아니고, 상대의 사람됨을 솔직하게 지적하고 서로의
반성 자료로 삼고 있다.

주

• 爲難能也(위난능야) : 어려운 일을 당했을 때 능숙하게 해
  낸다.

> 曾子曰 堂堂乎張也 難與並爲仁矣

증자가 말하기를, 당당하도다, 자장이여! 함께 어울려 인
을 실천하기는 어렵다.

앞장의 자유의 논평과 대동소이한 뜻이다.

한나라의 유학자 정현(鄭玄)의 말에 의하면 자장이란 사람
은 용모, 풍채는 실로 훌륭하고 당당하여 대장부답지만, 사치
를 좋아해서 외모를 치장하는데 힘을 쏟고 있다. 그 대신 내적
인 수양이 결여되어 있었다고 한다. 그 점을 선배인 증자도 걱
정하여 타이르는 말이다.

≫ 주 ≪

• 堂堂(당당) : 위엄있고 훌륭한 모양. 위의가 대단한 모양.
• 並(병) : 나란히. 함께.

17일

> 曾子曰 吾聞諸夫子
> 人未有自致者也 必也親喪乎

증자가 말하기를, 선생님으로부터 들으니 사람은 스스로
진심을 다하지 못하는 경우가 있지만, 부모의 상을 당하
여서만은 반드시 다한다고 하셨다.

　유교에서는 효행을 인륜의 최고 덕목의 하나로 취급하고 있
다. 따라서 어버이가 죽어서 자식이 그 상을 치를 때에는 전력
을 다하지 않으면 안 된다고 강조하고 있다.
　'自致者也'에 대해서는 여러 가지 해석이 있다.
　① '진정에 이르다'로 해석하기도 하며,
　② '자기 스스로 최선을 다한다'로 해석함이 이 글에서는 타
당하다고 생각된다.

孟莊子之孝也 其他可能也
其不改父之臣與父之政 是難能也

맹장자의 효도는 다른 점을 가능하다 하더라도, 그가 아버지의 가신과 아버지의 정책을 바꾸지 않은 점은 하기 어려운 일이라고 하였다.

증자가 스승 공자에게서 들은 이야기다. 아버지가 죽은 후 평판이 나빴던 옛날 신하도 바꾸지 않고, 아버지의 경영 방법을 하나도 고치지 않고 이어나간다는 것은 보통 사람으로서는 흉내를 낼 수 없는 일이라는 뜻이다.

주

• 孟莊子(맹장자) : 노나라 대부, 효행으로 유명했다. 『논어』 학이편에 있는 '三年無改於父之道'란 구절을 구체적인 사례로 볼 수 있다.

上失其道 民散久矣 如得其情
則哀矜而勿喜

윗사람이 정도를 잃어 민심이 흩어진지 오래이니, 만일 그 실정을 알게 된다면 슬퍼하고 불쌍히 여길 일이며, 기뻐해서는 안 된다.

증자의 제자 양부(陽膚)가 법무관 벼슬에 임명되었을 때, 그는 스승인 증자에게 그 마음 가짐에 대해서 물었다. 그 때의 증자의 교훈이다.

주

• 民散(민산) : 백성들이 흩어진다는 말인데, 당시 중국에서는 학정에 못이겨 살만한 곳으로 이주(피신)해 살았다. 지리적 이산뿐만 아니라, 민심의 흩어짐도 모두 민산이라고 표현했다.
• 勿喜(물희) : 기뻐하지 말라. 벼슬(법무란)을 얻었다고 기뻐하지 말라는 경고의 뜻.

20일

紂之不善 不如是之甚也 是以君子
惡居下流 天下之惡皆歸焉

주왕의 포악함이 이와 같이 심한 것은 아니다. 그러므로
군자는 하류에 처하기를 싫어 하는 것이다. 천하의 악이
모두 그에게로 돌아오기 때문이다.

주지육림으로 유명한 주왕은 고대로 폭군의 대표로 일컬어
진다. 그러나 그의 악함도 세상 사람들이 떠들어 대는 것 만큼
그토록 심한 것은 아니다. 다만, 그의 악함이 당시 너무 대단하
였기 때문에 천하의 모든 악명이 마치 강의 하류로 물이 모이
듯이 흘러들었던 것이다. 인간의 평판에 대한 세론의 형성 과
정을 강의 흐름에 비유한 자공의 말이다.

주

• 君子惡居下流(군자오거하류) : 군자는 하류에 처하기를 싫
  어 한다.

> 君子之過也 如日月之食焉 過也
> 人皆見之 更也 人皆仰之

군자의 과실은 마치 일식과 월식 같은 것이여서 과실을
범하면 사람들이 모두 그것을 보게 되고, 고치면 모두 그
것을 우러러 본다.

　자공의 말이다. 요컨대, 군자는 과오를 범해도 그것을 숨기
지 않고, 또 그것을 곧 고치기 때문에, 마치 일식이나 월식과
같다는 내용이다. 사람이 잘못을 저지르지 않을 수 없겠으나,
자기의 잘못을 알면 즉각 고칠 줄 아는 점이 군자다운 태도임
을 강조한 말이다.

주

• 食(식) : 蝕(식)과 통하여 일식(日蝕)과 월식(月蝕).
• 更(경) : 잘못을 고치는 것.

夫子焉不學 而亦何常師之有

**선생님은 어디에서든 배우지 않은 데가 있겠으며, 또한
어찌 일정한 스승이 있겠는가**

위나라 대부 공손조(公孫朝)가 자공을 향하여 당신의 스승
공자는 누구에게서 학문을 배웠는가고 물었다. 거기에 대해 자
공은 "옛 주나라의 문왕과 무왕의 도가 아직 사람들에게 남아
있다. 지금도, 현자도, 그렇지 못한 사람도 그 나름의 식견을
가지고 있다. 어디를 가던지 배울 가치가 있는 사람(스승)은 있
게 마련이다."고 대답하고, 이어서 위와 같이 결론을 맺었다.

주

• 焉(언) : 어디에, 어디에서. • 常事(상사) : 일정한 스승.

無以爲也 仲尼不可毀也
他人之賢者 丘陵也 猶可踰也 仲尼
日月也 無得而踰焉

그렇게 하면 안 된다. 공자는 감히 헐뜯을 수 없다. 다른
사람들이 현자라는 것은 언덕과 같은 것이어서 넘어갈 수
있지만, 공자는 해나 달과 같아서 넘어갈 수가 없다.

노나라의 대부 숙손무숙(叔孫武叔)이 중니(공자)에 험담하
는 것을 듣고, 자공이 이에 반박해서 대답한 말이다.
　자공은 이어서 "사람들이 비록 해와 달과 관계를 끊으려고
헐뜯어 봐도 해와 달에게 무슨 손상을 입힐 수 있겠는가. 오히
려 자신의 무식함을 드러낼 뿐이다."라고 말했다.

주

• 無以爲也(무이위야) : 그렇게 하면 아니된다. 곧 헐뜯는 것.
• 毀(훼) : 헐뜯다. 비방하다. • 丘陵(구릉) : 언덕.
• 踰(유) : 넘다.

24일

> 人雖欲自絶 其何傷於日月乎
> 多見其不知量也

사람이 비록 제 스스로 해나 달과의 관계를 끊으려 해도,
그것이 해와 달에게 무슨 손상을 입힐 수 있겠는가? 다만
자신의 식견 없음을 들어낼 뿐이다.

　앞장에 이은 자공의 말이다. 공자와 같은 성인을 헐뜯는다는
것은, 하늘을 향해서 침을 뱉는 행동과 같으며, 자신의 식견이
부족함을 드러내는 이치로 삼가야 한다고 훈계하고 있다.

주

• 自絶(자절) : 스스로 끊다. 스스로 공자를 비방하여 자기와의
　관계를 끊어버리는 것. • 多(다) : 祗(지)와 통하여, 마
　침, 다만. • 量(량) : 분량, 분수.

25일

君子一言以爲知 一言以爲不知 言不可不愼也

군자는 한 마디 말로 지혜롭다 여겨지기도 하고, 한마디
말로 지혜롭지 않다 여겨지기도 하는 것이니, 말은 신중
히 하지 않으면 안 된다.

자공의 제자 진자금(陣子禽)이 "선생님은 겸손하지만 공자
님보다 더 훌륭하다고 생각되는데!" 하고 말하자, 자공이 위와
같이 훈계했다.

자공은 "말이란 아주 신중히 하지 않으면 안 된다. 지금 네
가 한 말은 크게 실언한 것이다."고 타이른 다음, 공자의 위대
함을 자세히 설명하였다.

주

• 陣子禽(진자금) : 공자의 제자. 이름은 항(亢).

26일

夫子之得邦家者 所謂立之斯立 道之斯行
綏之斯來 動之斯和 其生也榮 其死也哀
如之何其可及也

공자님이 나라를 맡아 다스리게 되면, 이른바 백성들을
세워주어 자립하게 되고, 그들을 인도해 주어 곧 그대로
행하게 되고, 백성을 안정시켜 주어 곧 따르게 되고, 백
성을 움직여 주어 곧 평화롭게 될 것이다. 살아 있는 동
안 영광으로 여기고 죽으면 애도를 받을 것이다. 어떻게
그 분에게 미칠 수가 있겠는가.

앞장에 이어 자공은 위와 같이 제자에 말해 주었다.

≫주≪

• 邦家(방가) : 나라, 본래는 제후의 나라와 대부의 집.
• 立之斯立(입지사립) : 백성들을 세워주어 자립하게 하는 것.
• 道之斯行(도지사행) : 백성을 바른 길로 인도하여 행함.
• 綏之斯來(수지사래) : 백성들을 안정시켜 따라오게 함.
• 動之斯和(동지사화) : 백성들을 움직여 평화롭게 만들다.

27일

朕躬有罪 無以萬方 萬方有罪
罪在朕躬

제 몸에 죄가 있다면 만방의 백성과는 상관이 없으며, 만
방의 백성들에게 죄가 있다면, 그 죄는 내 자신에게 있다.

이 대목은 요나라에서 주나라의 무왕까지, 역대의 훌륭한 왕
들의 말을 모은 글이다.
위의 글은 은나라의 탕왕(湯王)의 선서이다. 이때 탕왕은 검
은 숫소(雄牛)를 익혀서 바치고, 제후에게 "짐은 죄인 한나라
걸왕(傑王)을 용서할 수 없다. 모든 것은 하늘의 판단에 맡기
고 싶다."고 선언하고, 위의 글과 같이 염원한 것이다.

주

• 무이만방(無以萬方) : 만방의 백성은 상관이 없다.

謹權量 審法度 脩廢官 四方之政行焉
興滅國 繼絕世 擧逸民 天下之民歸心焉

도량형을 엄중히 하고, 법도를 자세히 살피고, 폐지된 관
직을 잘 닦아 온 나라의 정치가 제대로 되었다. 멸망한
나라를 부흥시키고, 대가 끊어진 가문을 이어지게 해주
고, 숨어 있는 현인을 등용하니 천하 백성들의 마음이 되
돌아 왔다.

이 글은 주나라 무왕의 말이라고 하는 원전과, 공자의 교훈
이라고 하는 원전이 있다. 아마 후자의 설이 맞을 것이다.

주

• 權量(권량) : 저울과 되. 말. 도량형.
• 廢官(폐관) : 폐지되었던 관직.
• 興滅國(흥멸국) : 망한 나라를 부흥시켜 주다.
• 擧逸民(거일민) : 숨어 사는 현명한 사람을 등용하는 것.

> 寬則得衆 信則民任焉 敏則有功
> 公則說

관대하면 민중의 지지를 얻고, 신의가 있으면 백성들이 신임하고, 민첩하면 공로를 이루었고, 공정하면 기뻐한다.

위정자로서 지녀야 할 네 가지 요건을 설명한 글이다.

첫째, 관대할 것, 둘째 신의를 지킬 것, 셋째 일처리를 신속히 할 것, 넷째 공평무사할 것. 정치를 하는 사람이 이와 같은 마음을 지니고 있으면 그 국가와 사회는 편안할 것이다. 현대의 정치인에게도 통용되는 교훈이다. 공자가 자장에게 해준 말로 추측된다.

주

• 寬(관) : 관대함. 너그러움   • 任(임) : 믿고 의지하는 것.
• 說(열) : 모든 사람이 기뻐하는 것. 悅(열)과 통함.

不教而殺謂之虐 不戒視成謂之暴
慢令致期謂之賊 猶之與人也
出納之吝 謂之有司

가르치지 않고 함부로 죽이는 것을 잔학이라 하고, 미리
경계하지 않고 일의 완성을 재촉하는 것을 포악이라 하
고, 명령을 소홀히 하고 시기를 재촉하는 것을 해친다고
한다. 마땅히 나누어 주어야 할 것을 내주기에 인색한 것
을 벼슬아치의 행색이라 한다.

자장이 정치하는데 네 가지 나쁜 점이란 무엇인가고 질문한
데 대한 공자의 가르침이다. 깊이 생각해 볼 말이다.

주

• 視成(시성) : 성과를 보려 한다. 성과를 따지다.
• 慢令(만령) : 명령을 소홀히 하는 것. 명령을 적당히 내리는 것.
• 致期(치기) : 기한을 독촉함.
• 猶之(유지) : 흔히. 오히려로 쓰이나, 여기서는 마땅함.
• 有司(유사) : 벼슬아치. 좁은 식견을 가진 관리로 여기서는 벼
   슬아치 행색하는 자를 뜻한다.

31일

不知命 無以爲君子也 不知禮
無以立也 不知言 無以知人也

천명을 알지 못하면 군자가 될 수 없고, 예를 알지 못하면 입신할 수 없다. 말을 알지 못하면 남을 알 수 없다.

이 글은 인간으로서 세 가지 마음 가짐을 열거한 공자의 말씀이다. 무엇보다도 중요한 것은 첫번째이다. 인간에게는 하늘이 부여한 사명이 있다. 이 뜻을 자각하지 못하는 한 군자라고 할 수가 없다. '오십이지천명(五十而知天命)'이란 말도 의당 같은 뜻이 아니겠는가.

주

• 立(립) : 입신. 사회에서 올바르게 처신하는 것.

공자의 생애

공자는 B.C. 551년 노나라 창평향 추읍에서 아버지 숙량흘(叔梁紇), 어머니 안징재(顔徵在) 사이에서 태어났다. 숙량흘은 본처에게서는 아들을 낳지 못하고 60세가 넘어서 젊은 안징재를 만나 공자를 낳았다.

공자의 어머니는 아들을 낳기 위해 니구(尼丘)산에 들어가 기도를 올렸다고 하여, 훗날 공자의 이름이 구(丘)이고, 자가 중리(仲尼)인 것도 관계가 있는 듯하다. 한편 공자는 태어나면서부터 머리 꼭대기 가운데가 움푹 들어가 언덕을 이룬 모습을 하고 있어서 구(丘)라고 했다는 기록도 있다(『史記』).

공자의 집안은 왕실로 훌륭했지만, 태어났을 당시의 생활 형편은 가난하고 보잘 것 없었다. 더욱이 공자가 세 살 되던 해에 아버지 숙량흘이 죽었기 때문에 생활의 빈곤함은 이루 말할 수 없었을 것이다.

『논어』 자한편을 보면 공자는 "나는 어려서 매우 가난했기 때문에 천한 일도 많이 하였다(吾少也賤 故多能鄙事)"라고 술회하고 있음은 당시의 생활상을 엿볼 수 있다.

공자는 19세 때, 노나라의 위리(委吏)라는 벼슬을 시작으로 관직에 올랐다. 위리는 나라의 창고를 관리하는 낮은 관직인데 생계를 위한 방편이었을 것이다.

이 해에 계관씨(丌官氏) 집안의 딸에게 장가를 들어 다음해에 아들 공리(孔鯉)를 낳았다.

387

다시 21세에는 승전리(乘田吏)가 되었는데, 나라의 가축을 돌보는 관직이었다. 그리고 24세 때 어머니마저 돌아가시자, 그제서야 주위 사람들에게 물어서 아버지 무덤을 찾아 합장하였다 하니 부모의 장례도 제대로 돌 볼 수 없는 가난한 가장이었다.

공자 스스로 '자립하였다.'고 말한 30대에 이르러서야 비로소 경륜이 원숙해져 개인문제나 가정생활의 어려운 여건에서 벗어나 세상을 구원하는 일에도 관심을 두기 시작했다. 이미 공자가 20대에도 제자를 거느렸음이 짐작되나 본격적인 유가사상(儒家思想)을 바탕으로 한 교육은 이 무렵부터 시작되었음이 정확하다 할 것이다.

한편 노나라의 정치가 혼란에 빠지자, 자신의 정치 이념을 실현할 길이 없음을 판단하고 35세 때 제나라로 갔으나 2년 후에 다시 노나라로 돌아와서 많은 경험을 통하여 경륜을 쌓아갔던 듯하다. 공자는 세상이 어지러울수록 더욱 분발하여 자신의 학문을 닦는 한편, 제자들의 교육에 힘을 기울였다. 이런 노력 때문에 공자의 명성이 널리 퍼져 먼 곳으로부터 제자들이 모여들었다 한다.

다소 노나라의 정치가 안정되고 공자의 나이 51세 때 중도재(中都宰)라는 꽤 높은 벼슬에 임명되고, 그 다음에는 외교상의 공로를 인정 받아 육경(六卿)의 하나인 국토를 관장하는 사공(司空)에 올랐다. 다시 나라의 법을 다스리는 사구(司寇)에 이르고 왕권을 튼튼히 한 공로로 재상(宰相)의 일까지 겸임하기에 이르렀다.

이러한 공자의 치적에 대하여 누구보다도 경계심을 갖게 된 것은 이웃 제나라였다. 제나라에서는 공자를 제거할 갖가지 음모를 꾸민 끝에 결국, 공자는 벼슬 자리에서 물러나게 되었다.

공자는 55세(B.C. 497년 : 노나라 정공 13년)에 모든 벼슬을 내던지고 자신의 이상을 실현할 나라와 임금을 찾아 국외로 떠난다. 천하 주유열국(周遊列國) 13년 동안의 유랑을 통해 갖가지 고난과 박해를 경험하기에 이른다. 이 기간의 행적은 『사기(史記)』의 십이제후연표(十二諸候年表)를 보면 공자는 '70여 나라의 임금을 유세했다.'고 적고 있다. 공자의 이상과 이념 추구의 노력은 어디에서도 성공을 거두지 못하자, 결국 B.C. 484년 68세 때 위나라를 떠나 오랜 방황 끝에 또다시 노나라로 돌아온다. 물론 공자 자신이 늙어가고 있다는 사실도 작용했을 것이다.

노나라로 돌아온 공자는 나라의 원로 대우를 받으며 권세가들의 자문에 응하면서 제자들에 대한 본격적인 교육을 시작하였다. 제자들이 가까운 이웃 나라에서 높고 낮은 관직에 올라 있었던 사실로 보아 상당한 세력을 지닐 정도로 발전했던 것 같다.

이 무렵의 공자는 자신의 뜻을 더 이상 지속시킬 수 없음을 깨닫고 그의 이상과 꿈을 후세 사람들에게 교육을 통해 펼칠 계획으로 만인의 교과서로 인정하고 있는 『육경』을 정리 편찬하는데 노력을 기울였다.

『육경』이란 백성의 기본 교과서와 같아서 옛날 사람들의 정치, 사회, 문화, 사상, 생활 등에 관한 지침서였다. 공자는 이 중에서 『육경』의 하나인 『시경(詩經)』 정리에 노력을 기울였다. 벼슬은 하지 않았지만, 나라 원로의 예우를 받았기 때문에 생활에는 별다른 걱정이 없는 수준에 이르렀던 듯하다.

그러나 개인적으로는 불행이 거듭되었다. 공자가 69세 되던

해, 외아들 공리[孔鯉 : 자는 伯魚]가 50세의 나이로 먼저 세상을 떠났다. 그 다음해에는 그가 가장 사랑하고 기대했던 수제자 안연(顔淵)의 죽음을 지켜보아야 했다. 이때의 심경을 다음과 같이 토로하고 있다.

'噫! 天喪予 天喪予' -『논어』 선진편
아아! 슬프다. 하늘이 나를 버리셨다. 하늘이 나를 버리셨다.

이러한 슬픔이 채 끝나기도 전에 공자의 나이 72세(B.C. 480)되던 해 제자 자로(子路)가 위나라에서 벼슬을 하다가 그곳 내란에 휩쓸려 죽는 참상을 당했다.
만년에 이르러 겹친 불행은 B.C. 479년 노나라 애공 16년 4월 기축날, 공자는 73세로 일생을 마쳤다.
공자는 자신의 일생을 스스로 술회한 『논어』 위정편에 잘 나타나 있어 많은 참고가 될 것이다.

吾十有五而志于學 三十而立 四十而不惑
五十而知天命 六十而耳順 七十而從心所欲 不踰矩
나는 15세에 학문에 뜻을 두었고, 30세에는 자립하였고,
40세에는 미혹되지 않았으며, 50세에는 천명을 알았고,
60세에는 남의 말을 순순히 받아들일 수 있었고, 70세에는
법도를 넘어서지 않았다.

공자란 위대한 한 인물도 70 평생 부단한 자기 수양과 학구의 노력을 통하여 성인의 경지에 이르렀음을 알 수 있다.

쉬운
논어 1일1화

초판 1쇄 인쇄 2019년 9월 5일
초판 1쇄 발행 2019년 9월 10일

엮은이 홍석연
발행인 김현호
발행처 법문북스(일문판)
공급처 법률미디어

주소 서울 구로구 경인로 54길4(구로동 636-62)
전화 02)2636-2911~2, **팩스** 02)2636-3012
홈페이지 www.lawb.co.kr

등록일자 1979년 8월 27일
등록번호 제5-22호

ISBN 978-89-7535-767-1 (03140)

정가 18,000원

이 도서의 국립중앙도서관 출판예정도서목록(CIP)은 서지정보유통지원시스템 홈페이지(http://seoji.nl.go.kr)와 국가자료종합목록 구축시스템(http://kolis-net.nl.go.kr)에서 이용하실 수 있습니다. (CIP제어번호 : CIP2019030778)